股权众筹法律规制研究

Regulation Research On the Equity Crowdfunding

赖继——著

西南政法大学
刑侦40周年学子文库

法律出版社
LAW PRESS·CHINA

图书在版编目(CIP)数据

股权众筹法律规制研究 / 赖继著. -- 北京 : 法律出版社, 2020
ISBN 978-7-5197-4264-5

Ⅰ. ①股… Ⅱ. ①赖… Ⅲ. ①企业融资-法律-研究-中国 Ⅳ. ①D922.291.914

中国版本图书馆 CIP 数据核字(2020)第 027241 号

股权众筹法律规制研究
GUQUAN ZHONGCHOU FALÜ GUIZHI YANJIU

赖 继 著

项目策划 李 群
责任编辑 董 昱
装帧设计 汪奇峰

编辑统筹 法规出版分社
出版 法律出版社
开本 A5
总发行 中国法律图书有限公司
印张 5.375
经销 新华书店
字数 126 千
印刷 北京虎彩文化传播有限公司
版本 2020 年 5 月第 1 版
责任印制 吕亚莉
印次 2020 年 5 月第 1 次印刷

法律出版社/北京市丰台区莲花池西里 7 号(100073)
网址/www. lawpress. com. cn
投稿邮箱/info@ lawpress. com. cn
销售热线/400-660-8393
举报维权邮箱/jbwq@ lawpress. com. cn
咨询电话/010-63939796

中国法律图书有限公司/北京市丰台区莲花池西里 7 号(100073)
全国各地中法图分、子公司销售电话:
统一销售客服/400-660-8393/6393
第一法律书店/010-83938432/8433 西安分公司/029-85330678 重庆分公司/023-67453036
上海分公司/021-62071639/1636 深圳分公司/0755-83072995

书号:ISBN 978-7-5197-4264-5 **定价:**32.00 元
(如有缺页或倒装,中国法律图书有限公司负责退换)

西南政法大学刑侦40周年学子文库

总　　序

1979－2019，滥觞歌乐、勠力渝北，经过40年的发展，西政刑侦正值壮年，沧桑历尽，前途似海！

巍巍歌乐不仅常怀隽永革命精神，也孕育了无数法学英杰。1979年，经公安部考察论证、教育部审批，我国教育史上的第一个侦查学本科专业滥觞于此，西政刑侦从此开篇；先后诞生了全国第一个犯罪侦查教研机构、全国第一个侦查学教授、全国第一部侦查学本科教材、全国第一本侦查学术期刊。1984年开始招收全国第一批侦查学方向硕士研究生。1999年在侦查学系的基础上组建刑事侦查学院，这是西南政法大学第一个本科学院。2000年在原司法鉴定专门化班基础上成立刑事科学技术专业。2002年增设治安学专业。2003年在法学一级学科下自主设置侦查学硕士学位授权点。2004年在法学一级学科下自主设置警察学硕士学位授权点。2005年开办经济犯罪侦查专业，同时受最高人民检察院委托，在侦查学专业基础上复办职务犯罪侦查专门化班。2013年侦查学、刑事科学技术专业入选重庆市本科“三特行动计划”特色专业建设项目。2015年经济犯罪侦查专业入选重庆市本科“三特行动计划”特色专业建设项目。2016年治安学专业入选重庆市本科“三特行动计划”特色专业建设项目。2017年公安学入选重庆市高等学校“十三五”市级重点学科名单，并在法学一级学科下自主设立侦查学二级学科博士授权点。2018年在全国率先开办法学监察调查实验班。2018年侦查专业、刑事科学技术专业被评为重庆市一流专业。2019年经济犯罪侦查专业被评为重庆市一流专业。

刑事侦查学院作为我国最早开办侦查学本科专业的院系，作为我国首批国家级侦查专业人才培养试验区、国家级特色专业建设点、国家级实验教学示范中心、国家级司法鉴定机构所在院系，自侦查专业开办以来，无论是教学科研水平，还是人才培养质量都在我国公安司法理论界、实务界有着广泛的影响和声誉。以侦查学专业为代表的各公安类专业已经成为重庆唯一、西部领先、在全国有重大影响的专业，是“人无我有，人有我强，人强我优，人优我特”的特色专业。

自开办以来，侦查专业在人才培养上始终坚持强调“侦查+技术+法律”交叉融合，培养学生务实创新精神，兼有扎实的法律功底、深邃的侦查思维和娴熟的技术能力。为共和国培养了一大批忠诚、正直、勤奋、务实的卓越人才。

当前，在西南政法大学创建“双一流”的宏大潮流之下，刑事侦查学院不断推陈出新，在做精做强侦查学专业的基础上，积极回应国家战略人才需求，贴合学科发展实际，在全国率先开始国家安全学的学科探索，成为国内首家挂牌的国家安全学院。刑侦学院已再次扬帆起锚，必将再续辉煌。

点染江山四十年，寸缣不改旧风烟。自周应德、邹明理、陈祥印、胡世澄等前辈以降，一代代的刑侦人为之奋斗的不仅仅是“西政刑侦”这块金字招牌，也是共和国教育事业的不断革故鼎新。专业建设四十年，侦查学专业已培养了约12500名毕业生。他们中有副部级以上干部8人，厅局级80余人，教授近100人，副教授300余人。培养了公安部一级英雄模范芦振龙等一大批英雄模范，以杜航伟、刘跃进等为代表的侦查指挥人才及以全国优秀人民警察王志军、公安部审讯专家谭平等为代表的实务专家。当然，还有数以千计的刑侦人在各自战线上为国家的安宁、富强，社会的稳定、发展默默奉献着自己的热血、青春和才智。

在西南政法大学侦查学专业创建四十周年之际，西南政法大学刑事侦查学院汇聚天下西政刑侦人之学术智慧，推出此学子文库，既是以点滴学术成果为西政侦查学专业创建四十周年献礼，也是向西政刑侦历代前辈们致敬，更是对西政刑侦学院未来发展的美好祝愿。

四十年如指间沙漏，斗转星移，人面桃花，岁岁如新。四十年来不断变化的是学人面孔、理论依托，然而无论是歌乐山下抑或大峡谷畔，未变的是心系天下、聚焦实际的学术作风。西政刑侦征途任重道远，刑侦学子务必勠力同心！

是为序。

编　者

2019年 重庆 宝圣湖

目　　录

1 绪　　论

1.1　选题背景与研究的问题

长期以来，中国传统金融业务采取集中式、高端运作的路径，形成了行业垄断、门槛高的状况，往往是实力雄厚的国企、大型民企能相对容易地获得正式金融市场的融资，而中小微企业多寻求民间融资等非正式渠道，造成了融资市场的“双轨制”现象。普通民众获得优质金融服务的平等权利更无法得到实现，“金融普惠”的现实价值远远未能实现。随着互联网的高速发展和广泛普及，世界金融格局发生了巨大变化，互联网金融也因此而成为中国金融业创新发展的催化剂，特别是股权众筹的出现，为解决企业融资问题提供了一条全新的思路。互联网金融的核心精神是开放与分享，这与“金融普惠”不谋而合，随着 P2P、余额宝等互联网新元素的层出不穷，互联网金融成为公众关注的目标，十八届三中全会更是将包含互联网金融在内的普惠金融战略赋予了国家经济战略的重要意义。根据世界银行发布的《发展中国家众筹发展潜力报告》:2025 年全世界众筹市场规模将达到 3000 亿美元，发展中国家将达到 960 亿美元，其中有 500 亿美元在中国。早在

2012 年,国外有关报告就指出,2014 年度全球股权众筹数额将超 10 亿美元。[1]另据有关数据统计,仅仅在 2014 年第四季度的三个月周期内,中国国内股权众筹募集金额就高达 34682 万元,①股权众筹作为互联网金融中的一种现象,已经一跃成为中国互联网金融市场的“领头羊”。

2014 年至 2015 年,中国证券业高层密集发文,积极作为:2014 年 12 月,中国证券业协会起草《私募股权众筹融资管理办法(试行)》(征求意见稿)(以下简称《管理办法》);2015 年 7 月 18 日,包括中国人民银行(以下简称央行)、中国证券监督管理委员会(以下简称证监会)在内的十部委联合发布《关于促进互联网金融健康发展的指导意见》(银发〔2015〕221 号,以下简称《指导意见》);2015 年 8 月 3 日证监会发布《关于对通过互联网开展股权融资活动的机构进行专项检查的通知》(证监办发〔2015〕44 号),这一系列文件标志着“股权众筹”这一特有名词,正式被纳入官方话语体系。在此之前,股权众筹已经在世界各国悄然蓬发,其中以美英金融发达国家最具代表性。

借助互联网迅捷、受众广泛的特点,股权众筹一跃成为互联网金融中最受瞩目的对象。随着股权众筹的发展演进,一些问题逐渐暴露出来,特别是在我国,先遭遇了股权众筹是否合法、是否需要规范治理的“准入式”问题,后遭遇了“股权众筹如何搞”的“构建式”问题,前一个问题固然是后一个问题的前提,但后一个问题更关系到股权众筹是否能在中国落地生根。两个问题都引发了法学界、经济学界的极大关注与讨论。在围绕这两个问题的

① 数据来源:零壹数据。

研究与争论不断发展的同时,中国证券业监管高层、行业协会等连续发文对股权众筹进行定义、规范、治理,将股权众筹的研究问题从理论带入了实践的领域,一系列亟待研究的问题被提上了日程。本书的核心在于对股权众筹的法律规制问题进行研究,在对这一问题进行讨论时,亦会触及一系列不可回避的问题,诸如国外模式的股权众筹能不能移植到中国?如果能移植,我国现有法律框架能不能承担起规制任务?国家管制与市场自治、官方与民间博弈的平衡点究竟何在?

《私募股权众筹融资管理办法(试行)》(征求意见稿)等文件可以看作新经济常态下,国家政策鼓励资本市场多层次化、构建良性资本市场为中小微企业拓展融资渠道、促进创新创业和互联网金融健康发展的一次"有益试水",股权众筹的研究也因此而上升为一个"实践批判式"问题。

1.2 选题意义

1.2.1 学术意义

股权众筹作为互联网金融的代表之一,在国外并不是新鲜事,但在我国还处于起步和探索阶段。对股权众筹进行系统、完整的研究,明确其法律定位与监管治理,并就其运作的相关问题进行探讨,对于商事秩序理论的充实与金融主体民事权益保护体系的完善,有着重要的学术意义和理论价值。

其一,有助于准确把握股权众筹的法律定位与法律风险。股权众筹的法律定位是研究的起点,在过去的研究中,关于股权众筹究竟是私募还是公募,究竟是否触及非法集资红线都存在过争论。对股权众筹的法律定位进行明确,系对股权众筹法律问题的理论奠基。从股权众筹的定位出发,才具备剖析法律风险的可行性。长期以来,金融工具的衍生和发展,都是一把“双刃剑”,在迅猛完成集资融资任务、推动企业前进的过程中,都不可规避法律风险。对法律风险的弱视与淡漠,很大程度上源于公众对法律风险理解的不到位,将股权众筹的风险在法律的视野下进行研究,一方面出于保护公众利益的需要,另一方面出于追求促进金融发展的平衡目标。另外,由于股权众筹具有互联网金融受众广泛、传播迅速等特点,其法律风险的影响也存在被无限放大的可能,层出不穷的网络金融诈骗就是值得警惕的前车之鉴。

其二,有助于完善股权众筹的主体理论体系。股权众筹是互联网与现代商业高度发展所带来的结果,其所属基本法律领域仍然是商事法律,在明确了股权众筹的法律定位之后,自然而然要对其主体进行研究——到底哪些对象是股权众筹中法律关系的主体,这些主体有些什么特点,在股权众筹的活动中应当具备什么样的条件,对这些问题的一一作答,有利于进一步完善股权众筹主体理论。

其三,有助于完善股权众筹的行为理论体系。股权众筹是新兴商业行为,其蕴含的法律行为在现有法律框架下,能否有机调适?该类行为应当具备什么样的条件,其特点与特性为何?能否与市场实现契合?如果现行法律不能够解决规范和治理的问题,那么完善股权众筹的行为理论体系,就具有非常直接的理论服务现实意义。

其四,有助于系统梳理学界成果,填补学界空白。近年来,随着互联网金融的蓬勃发展,股权众筹受重视的程度也不断升温,对于该现象的经济学、法学研究层出不穷,相关研究论文在数量上逐渐增多。然而,需要注意的是,大多数论文仍然停留在经济学、金融学与法学交叉边缘的重复性研究,而系统、深入的成果偏少;引入国外视角的研究资料偏陈旧,且未能有效对中国现实国情作出有效启示;重复研究居多,创新研究居少;纸上理论研究居多,实践调查居少。本书着眼于对股权众筹的系统研究,在作出“中国可以构建自己的股权众筹机制”之假说后,从国外立法、国内实际两个层面出发,对该假说进行论证或批判,以期对完善股权众筹的学术体系起到一定推动作用。

1.2.2 实践意义

在互联网金融迅速发展的过程中,不可避免地会发生一系列风险。自由市场的法律基础在于源远流长的“私法自治”,然而,在“私法自治”的过程中,如何避免人性的缺点,如何避免道德风险成为值得注意的话题。在过去几十年里,互联网金融刚抬起飞速发展的龙头,其自身逐利的本性就不可避免地导致了一系列风险问题,典型的连锁风险表现为:“金融诈骗—项目人集资卷款跑路—小投资人群体性事件”,这样的风险模式在中国屡见不鲜。2012 年美国总统奥巴马签发《初创企业促进法案》(Jumpstart Our Business Startups Act,以下简称 JOBS 法案),对当前互联网金融风险进行应对,对股权众筹进行规范,这从另一个侧面反映出国家治理对股权众筹自由发展的重要性。

因风险的存在,以过于严格的规范压制股权众筹的自由发展,实为矫枉过正;而放任股权众筹的无序发展,甚至在一定条件下允许牺牲小众利益以成全经济增长,无异于杀鸡取卵。在实践上,本书力求通过理论研究与实证调研,探索一个与中国市场契合的股权众筹模式。本书的研究以数据、文献、国外法例、实际案例、调查问卷等为基础,以期实现一个价值平衡点,推动价值取向向立法治理模式发展,为制定相关法律规范提供支撑。

1.3 文献综述

股权众筹作为互联网金融领域的重要研究问题,在国内外受到广泛关注。特别是在我国法学、经济学领域,学者对股权众筹的研究和论述颇多,从不同的角度和假设前提出发,在研究对象、评价方法等方面进行了有力论证。本书浏览、搜集有限的文献资料,通过综合、归纳、分析,去伪存真、去粗取精,以求达到引导本书写作的目的。

通过"股权众筹"关键字检索中国知网文献数据库(CNKI),可以发现近年来国内对股权众筹的研究呈现日益上涨之势,截至2016年5月11日,CNKI数据库中包含"股权众筹"内容的文献分别为:2016年2059篇,2015年7042篇,2014年2139篇,2013年228篇,2012年12篇,2011年1篇。在学科分类上,上述文献中属于法学类的文献共计558篇。在研究层次上,以"股权众筹"为题的法学类硕士论文共计39篇;截至笔者检索之时,国内尚没有"股权众筹"为题的法学类博士论文,仅有华东政法大学雷华顺博士于2015年5月撰写的博士学位论文《众筹融资法律制度研究——以信息失灵的矫正为视角》,该文主要论述"众筹融资",对"股权众筹"有所涉及。

从当前来看，股权众筹的概念在诸多学者论文中可见，如孙永祥等人在《我国股权众筹发展的思考与建议》(《浙江社会科学》2014 年第 8 期)一文中提道：“股权众筹是指小额项目发起人通过网络平台宣传、介绍自己的项目，合格投资者通过网络平台对自己感兴趣的项目进行股权投资的新型投资模式。”[2] 对股权众筹进行监管规制，则论述颇多。如鲁公路、李丰也、邱薇所著《美国 JOBS 法案、资本市场变革与小企业成长》(《证券市场导报》2012 年第 8 期)，樊云慧所著《股权众筹平台监管的国际比较》(《法学》2015 年第 4 期)，刘明所著《美国〈众筹法案〉中集资门户法律制度的构建及其启示》(《现代法学》2015 年第 1 期)，何欣奕所著《股权众筹监管制度的本土化法律思考——以股权众筹平台为中心的观察》(《法律适用》2015 年第 3 期)等论文，都从借鉴国外经验、考察我国实际的角度出发，对规制股权众筹作出了精辟论述。

在笔者所参阅的外文文献中，涉及对股权众筹进行论述的亦颇多，比如 Mina Stiernblad、Emma Skoglund 所著硕士论文“The Future of Equity Crowdfunding—Is ‘The Crowd’ Capable of Good Investment?”(2013)，Marcus Brodersson、Mattias Enerb ck、Mathias Rautiainen 所著硕士论文“The Angel Investor Perspective on Equity Crowdfunding”(2014)，较高水平的单篇论文中有 Abbey R. Stemler 所著“The JOBS Act and crowdfunding: Harnessing the power - and money - of the masses”(Business Law & Ethics Corner, 2013)，Rick Wash 所著“The Value of Completing Crowdfunding Projects”，Agrawal、Catalini 所著“The geography of crowdfunding”(2011, NBER Working Paper)等，上述诸文使用了

“Equity Crowdfunding”一词作为“股权众筹”英文的统一表述，在文中也论述了股权众筹需要被规制的种种理论基础与域外实践做法，值得借鉴。

上述文献体现了我国学者研究股权众筹已经达到一定高度，目前已经达成的贡献在于：一是确认了股权众筹对金融市场的积极意义；二是看到了股权众筹所具有的自身风险；三是对股权众筹的特点、演变、概念等均作出了详细论述。

但从研究广度来看，该类研究还处于零散状态，并没有形成对股权众筹的系统研究，特别是在各位学者的论述中，甚至没有对股权众筹最为关键的主体进行统一定义，如刘明在文中所称“集资门户”，而樊云慧则在文中称“股权众筹平台”；对于国外法律中某些可以借鉴的地方，也并没有进行分类说明，比如在上述诸多文献中论及美国 JOBS 法案时，并没有区分该法案的哪些章节是专门针对股权众筹立法，哪些章节是针对其他融资方式立法。这一区分的学术意义在于，针对其他融资方式立法的做法可能比较适合他国环境，而在我国推广则应当更为谨慎；专门针对股权众筹的立法则相对更有价值，不加区分只会让国内更多研究者误以为 JOBS 法案就是一部专门针对股权众筹的法案。

从研究深度来看，当前文献也未细化到对股权众筹的主体及行为两大板块进行深入研究，包括股权众筹的主体有哪些，为什么要规制主体资格，以及如何规制主体资格；股权众筹中的行为有哪些，为什么要规制这些行为，以及如何规制这些行为。

从研究实用性来看，当前研究亦未对股权众筹在中国的构建提出一个直观、可用式“菜单”，以供监管层解决诸多问题。诸如中国当前的法律制度能否对股权众筹进行有效调适，如果不能，那么还需要设定哪些“接地气”的规则?

另外,目前我国学者对股权众筹研究还存在的问题是引入国外视角的研究资料偏陈旧,且未能对中国现实国情作出有效启示;重复研究居多,创新研究居少;纸上理论研究居多,实践调查居少;大多数论文仍然停留在经济学、金融学与法学交叉边缘的重复性研究,而系统、深入的成果偏少等。

综上所述,笔者认为,国内对股权众筹的研究已经达到一定高度,但尚有完善空间,亟须进行系统梳理,国外先进的实践做法,有许多值得借鉴的经验,需要谨慎汲取,以实现去粗取精,去伪存真。在充分汲取国内外文献的前提下,笔者拟对股权众筹在中国的规制问题从主体规制、行为规制两方面展开,以期使股权众筹理论更成体系化,对实践更有指导意义。

1.4　研究思路和研究方法

1.4.1　研究思路

股权众筹在中国存在什么样的问题?这些问题如何解决?沿着这样的思路,本书从股权众筹的概说入手,对比各国股权众筹的立法体例,梳理近年来国内股权众筹的相关理论,剖析相关案例,进行一定范围的问卷调查,力争在实证与理论的基础上,探求与中国市场相契合的股权众筹模式。该模式包括两个方面:一方面是股权众筹在实践中的自身运作模式;另一方面则是构建国家治理与规范股权众筹的平衡模式,核心是救济与保护问题。

“如何构建股权众筹在中国的规制方案”是本书总的问题群

束，而在该问题之下，探讨的是股权众筹的主体问题、行为问题两个板块。主体问题包括什么样的主体可以进行股权众筹、为何要设定这样的准入资格、规制主体资格的思路。行为问题包括什么样的行为认定为适当的股权众筹融资、为何要规制这样的行为、规制行为的思路，包括投资人单项投资上限问题、发起人总体融资限度问题等。具体而言，本书的研究思路主要从以下几个部分展开：

第一章为绪论，引出本书要研究的问题，包括选题背景、选题意义、研究思路及方法、创新与不足等。第二章为股权众筹的发展概况和基本问题，是整个研究思路的起点，包括众筹与股权众筹的关系，股权众筹的释义与发展情况，基本特点，存在问题概述、规制股权众筹理论基础等。第三章、第四章为股权众筹主体规制问题与行为规制问题探讨，即本书主要部分，包括主体规制、行为规制两个方面。第五章为公众调查研究，调查内容包括：在主体方面，什么实力、风险意识程度的个体可以作为我国股权众筹的投资人？在行为方面，公众可以接受的分类别投资限度是多少？在平台方面，公众期待的信息披露与投资决策应当达到什么样的平衡关系？在救济和保护方面，投资人期待什么样的法律调控？笔者拟制作600份问卷，按照分行业、分区域、区分个体与机构、专业金融人士与非专业金融人士的原则进行调研；问卷内容设计包括：受访者是否了解股权众筹、公众投资渠道的选择、对金融机构或私募机构劝募的信任程度、对公开信息的依赖程度、披露信息的期待程度等，最后作出结论分析股权众筹在我国是否存在生根土壤。第六章为我国股权众筹法律制度的具体分析，结合上述调研和域外经验，查找我国当前股权众筹法律制度待完善的几个重点问题。第七章对上述问题逐一进行完善,包括规范标准与指数化参考、投资人准入认证制度、单项融资上限、小额公开发行豁免制度、集资门户制度、大数据的运用、并购退出制度、股权转贷、金融纠纷软着陆等。

1.4.2 研究方法

①调查分析法

"徒法不足以自行",法律实效远远比法律本身重要。虽然当前中国对股权众筹的监管还处于起步阶段,但监管层表现出的积极作为已经有目共睹,这样的监管方法是否能得到公众的满意认可尚不可知。公众作为法律法规的调适对象,对法律实效问题的关心程度远远胜过监管层,因此,公众对股权众筹本身及治理规范的反应和态度,在很大程度上影响着监管法律的落地实效。据此,本书设计了科学的调查问卷,区分不同专业、领域、受教育程度、参与股权众筹次数的多寡,进行微观调研,形成数据。同时,本书还对当前股权众筹等互联网金融的状况进行了宏观数据采集,对上述两部分数据进行采集、汇总、分析,从而为分析监管法规的实效提供参考,进而为完善股权众筹的治理提供一手数据支撑。

②比较分析法

股权众筹起源于国外,在英美国家已经有很长足的发展进程,许多案件和立法例表明,国外金融业发达国家已经着手调适股权众筹的风险问题,一方面,加大对股权众筹的规范化管理,使其助推市场经济发展的正能量得以发挥;另一方面,严格控制其野蛮生长和可能造成的公众福利沦陷,防范金融纠纷的扩大化、极端化、群体化。各国政治体制、法律土壤及监管定位都有所不同,完全照搬必然引发法律移植的水土不服,但国外治理股权众筹的相关制度经验,是值得我们借鉴和学习的。据此,对国外具体的立法体例与案例进行比较研究,汲取其有益部分,摒弃其与我国国情不相符合之处,有助于完善我国股权众筹的立法模式。

③价值分析法

股权众筹涉及的两项证券法价值目标,一是便捷融资,二是保护投资人。运用不同分析视角对两大价值目标进行纵深分析,能进一步证成股权众筹治理规范体系的应然状态。通过两大价值的冲突与平衡,能进一步证成股权众筹治理规范体系的实效成果。在本书中,价值分析方法为治理规范的正当性与适当性提供了有力的方法论武器。

1.5 创新与不足

本书的创新之处如下:

第一,本书在前沿视角下开展研究。目前,我国对股权众筹的理论研究尚处于起步阶段,已经形成了一定数量的研究成果,该类成果散见于各类期刊,综合性、系统性梳理该问题的研究还停留在硕士学位论文的阶段。国外金融业发达国家已经有所积淀,在对大量前沿外文文献的综合分析下,能对国外股权众筹的理论广度有所把握,他山之石,可以攻玉,结合国外前沿视角,落脚于我国实情,从治理规范的价值取向、社会实效、模式设计等角度解读股权众筹的治理问题,力求将该问题在纵深上取得一定突破和创新。

第二,本书立足实证。本书的实证之处在于通过真实案例剖析,分析股权众筹的成功经验、失败教训以及治理方法等;通过宏观数据,分析股权众筹治理的前景与形势需求等;特别值得一提的是,本书通过调查问卷,对公众态度进行了取样调查,研究包括公众个体差异对股权众筹的认知度、对治理规范的期望指数、从众心理对“领投 + 跟投”行为理解等,为如何制定治理规范、规范的良性运作提供了支撑和参考。

本书的不足之处在于:笔者的研究能力有限,对文献的驾驭还存在疏漏:一是对股权众筹的理论研究还存在深度不够的情况;二是对国外股权众筹的立法体例与案例研究还存在广度不够的情况;三是对大数据时代的前沿目光还有待扩展,存在高度不够的情况。

2 股权众筹的演进与法律规制的基本理论

2.1 众筹与股权众筹

2.1.1 众筹的起源与演进

众筹(Crowdfunding)是指通过公开平台、在线网络等发起一个动议,筹集海量支持者,最终完成动议的方式。它包括发起人发起动议、支持者募集资金、完成动议三个主要部分。2006 年 8 月,迈克尔·萨利文在其个人微博首先使用了“Crowdfunding”一词,我国香港特别行政区将其译作“群众集资”,我国台湾地区将其译为“群众募资”。[3]“Crowdfunding”一词起初被介绍进入中国大陆时,译法并不统一,有“大众集资”“公众小额集资”。在 2011 年 2 月号的《创业邦》杂志《众筹的力量》一文中,作者首次将“Crowdfunding”一词译为“众筹”。[4]众筹演进经历了如下阶段:

①征订模式

众筹的溯源可以追至 17 世纪,在欧洲当时很多文艺作品都是依靠一种叫作“征订模式”(subscription business model)完成的众筹雏形,通过征订书籍的方式募集资金出版书籍,最终征订者在书籍上鸣谢出资人。“征订模式”面对的受众有限，且对象仅仅用于文艺作品，因此并未对经济发展发挥多大作用。

②公众募款

早期最为著名的众筹雏形，是1884年美国在修建自由女神像的时候，向公众发起资金募集。众筹行为也从单一的文艺作品“征订模式”演进为了募集项目多样化、募款对象公众化的“公众募款”。

③互联网募集

最早使用互联网进行众筹的是1997年英国乐队Marillion在网络上发起全美巡回演出的动议，短时间内该乐队募集到6万美元，而募集到的资金全部用于举办演出与支持者门票回馈。在互联网与众筹行为结合之后，才出现了现代意义上的众筹，但Marillion乐队的众筹行为仅仅是单一、偶然的公众募款与互联网要素进行了短暂接触融合，并没有形成真正现代意义上的互联网金融。

④平台募集

2006年，迈克尔·萨利文建立了融资平台fundavlog，允许项目发起人在平台上播放视频进行项目融资，将众筹带入人们的视线。[5]众筹的概念和模式自此流传开来。2009年4月，以众筹为运作模式的专门网站——Kickstarter正式上线，网站建立后很短时间内就为几个创意项目成功募集资金，使众筹这种新兴融资模式开始受到业界的高度关注。[6]

2010年2月，《麦克米伦词典》网页版收录了“Crowdfunding”一词，定义为：“使用网页或其他在线工具获得一群人对某个特定项目的支持。”[7]2011年11月，Crowdfunding作为新型金融术语被收录于《牛津词典》，即“通过互联网向众人筹集小额资金为某个项目或企业融资的做法"[8]。

由此可以看出,众筹发展演进到今天,经历了如下路径:征订模式—多元项目公众募款—单一、偶然的互联网募款—平台式互联网融资。(见表2-1-1)

表2-1-1 众筹的演进及阶段特点

	征订模式	公众募款	互联网募款	平台融资
项目特点	文艺作品,较为单一	公共作品、服务项目等,初步具备多元特点	单一、偶然的演绎、创作项目,较为综合、多元	涵盖一切可众筹的投资金融项目
潜在融资对象范围	作品爱好者、征订人,范围较小	一定公众群体,范围较大	互联网公开属性、人数"无上限",范围大	互联网公开属性、人数"无上限",范围大
周期	以作品出版为周期	以项目完成为周期	以项目完成为周期	以项目完成或平台展期为周期
资金流量	流量小,仅涉及作品本身所需	视投资项目和人数而定	互联网资金汇集,偶然流量较大	平台资金汇集,持续流量较大
汇集方式	投资人与融资人当面汇集	传统金融方式汇集(银行转账、资金归集等)	初级互联网金融方式汇集(电子转账、网络支付等)+传统金融汇集	比较成熟的互联网金融汇集方式
信息发布	通过人力渠道发布,成本高,不便捷	通过人力渠道+传统媒体渠道发布,成本有所降低,较为便捷	通过互联网发布,成本低,便捷	通过互联网发布,成本低、便捷

2.1.2 词源与树状图:从众筹到股权众筹

众包(Crowdsourcing)是众筹的基础理念。从词源上来说,众筹(Crowdfunding)源于众包(Crowdsourcing)。[9]所谓众包,系学者Jeff Howe定义的一种现象,该现象指将公开资源(Outsourcing)进行征集,突破使用界限,从而提高效率,[10]后应用于市场语境中指企业在生产或销售产品时将某一具体任务通过网络以公开的方式外包给大众,其突破单一供应商的界限,从大量受众中征集资源,其核心理念在于"用集体的智慧或理念来创造效率"[11]。

在对众包的研究基础上,国外经济学理论研究将"众包"进一步细分,界定为六大功能,分别是:云劳动力(Cloud Labour)、集合创造力(Crowd Creativity)、分享知识(Distributed Knowledge)、促进探索(Open Innovation)、工具(Tools)、众筹(Crowdfunding)。[12]而根据众筹的内容,又将众筹分为"基于公益捐赠的众筹""基于奖励的众筹""基于借贷的众筹""基于股权的众筹"四种模式。根据市场的变化和需求,又出现了第五类众筹模式——"基于版权、专利的众筹"(Royalty - based)①(见图2-1-1)。

① "基于版权、专利的众筹"指发起人募集资金进行知识产权活动,随后投资人根据投资情况进行版税、专利等权益分红的法律行为。该类众筹模式的兴起与国外知识产权法体系有关,本书不作赘述。

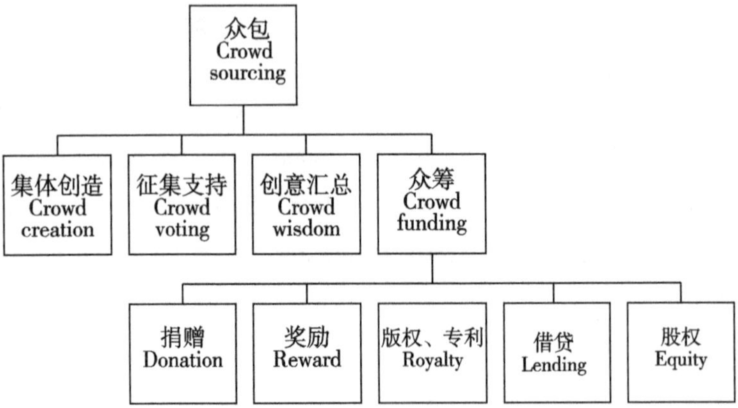

图2-1-1 众包的模式

2.1.3 股权众筹的概念

股权众筹在国外比较直接的论述为:“参与者投入资金,获得企业发起后所预期的股份红利或投票权”。[13]股权众筹是指初创企业通过众筹网络平台将所需融资项目情况、融资需求及出让股份公布在众筹平台上,众筹平台扮演“中介”的角色负责撮合投资者和融资者,为投融资双方提供咨询、评估、协议管理、回款管理等服务,由注册的合格投资者认购股份,支持创业项目的发展,投资者获得一定的股权作为回报。[14]股权众筹的投资人和发起人都要承担一定风险和收益,相比 VC、PE 等传统融资模式的高投资门槛,股权众筹走的是大众化的融资渠道。

面对发展迅速的互联网金融局势,2015 年 7 月 18 日,经央行、证监会等十部委联合印发了《指导意见》,成为互联网金融治理的基本法。《指导意见》中明确将股权众筹定义为一种融资行为:"股权众筹融资主要是指通过互联网形式进行公开小额股权融资的活动。"同时,《指导意见》还将股权众筹的场所进行了限定,即"股权众筹融资必须通过股权众筹融资中介机构平台(互联网网站或其他类似的电子媒介)进行"。《指导意见》指出股权众筹服务定位是"发挥股权众筹融资作为多层次资本市场有机组成部分的作用,更好服务创新创业企业。股权众筹融资方应为小微企业",最后,还明确了股权众筹的监管机构系证监会。

从《指导意见》中可以看出,我国对股权众筹的定义包含如下要件:一是公开募资、小额募资、股权募资;二是必须通过众筹机构平台;三是服务小微、创新企业。这样的定义显然是符合股权众筹自身价值的。同时,从股权众筹的定义出发,《指导意见》明确了股权众筹的特点,即"互联网形式""小额""公开"。

2.2 股权众筹的价值

国外学者将企业的成长与发展投以两个方面的考量:一是将企业的成长阶段按时间的推移分为概念阶段(Concept/Idea stage)、初期存活(Survival)、稳定期(Stability)、成长期(Growth)、起飞期(Take off)、成熟期(Maturity);[15]二是引入股本缺口(the Equity Gap)的概念,股本缺口指的是在企业的不同成长阶段所需要进行融资以实现下一阶段向上一阶段进阶所需的空间,[16]"Gap"一词本身就具备"沟渠"的意思(见图2-2-1)。在企业的不同成长阶段,对应有跨越股本缺口的方式,如在概念阶段,往往由亲友支持启动企业,向第二阶段实现进阶;而第二阶段初期存活后,企业主往往转向风投,争取拉到天使投资人,[17]为其企业注入前期动力，并交付预期股权作为对赌；进阶到了稳定期后，风险投资和银行投资就开始介入，根据介入程度，决定企业能获得多大资金解决股本缺口。[18]互联网金融发展到今日，股权众筹成为促进企业向下一阶段进阶的利器，且能一以贯之，不论是最初的创意阶段，还是稳定期、成熟期，股权众筹凭借其大众、开放、便捷融资的特点，都能迅速实现股本缺口的跨越。

和其他融资方式相比，股权众筹有着“大众”“开放”“便捷”的特点，也给企业初创者带来了一种“门槛低”“参与广”的新型融资思路，一经实践便爆发出巨大市场价值。2014 年为股权众筹元年，全球股权众筹发展迅速，资金规模超越了互联网金融的其他

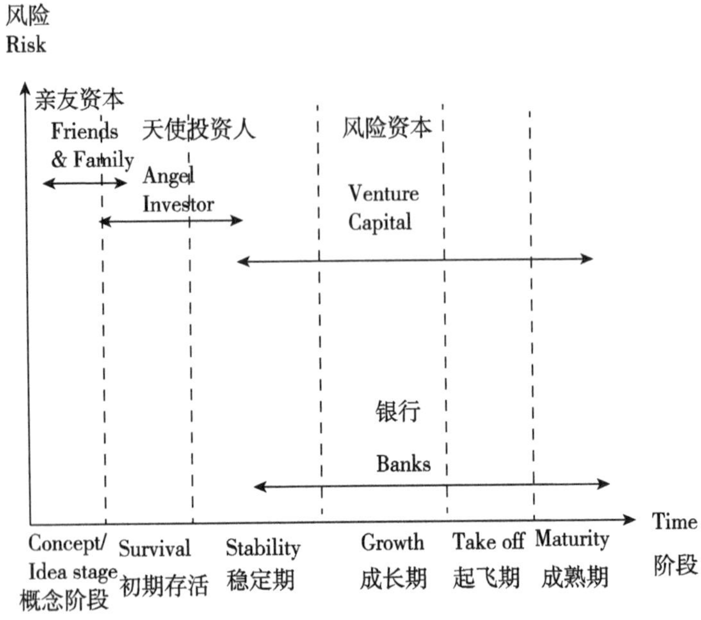

图 2-2-1　企业成长阶段划分

种类。以全球第一家股权众筹平台 Crowdcube 为例,该平台成立于 2011 年 2 月,短短 3 年间共推动 85 个初创项目融资 1600 多万英镑。[19] 2016 年,该平台新增注册用户 4.5 万,总融资为 3160 万英镑。[20]

2.3 股权众筹的法律关系

在投融资过程中,法律主体为投资人、平台、发起人,由于投资人与平台、发起人与平台双方建立的委托代理,结合交易所表现出的种种特征,将该过程视为居间关系是比较妥当的。

另外,当成功完成募集后,股权众筹由"线上"转入"线下",在平台的协助下,各方订立合同,成立公司,投资人转为公司股东,进行持股,根据持股方式的不同,从而形成不同形式的股东关系。

2.3.1 直接个人股东关系

此类股东关系的出资者通过股权众筹平台的服务流程签订股权凭证、转让协议等文件,随后在成立的公司登记注册。随后投资者会收到纸质的投资协议书、股权证书、分红或投票股票类别告知书等法律文书,在签署法律文书后,投资者进行直接持股,成为该融资企业的股东。比如英国著名的股权众筹平台 Crowdcube。其募集流程如下:

第一步:项目上线,包括项目申请、72 小时审核、制作标书;第二步:项目选择,包括通过风险提示、信息披露、问答环节、社交网络调研、项目入门门槛(最低低至 10 英镑)、第三方支付平台接收转账;第三步:资金筹集,包括律师事务所加盟、双方签订法律文书、线上征集资金;第四步:融资成功,包括签署法律文书明确股权、确立股东关系、平台收取手续费等。

在此类股东关系中,个人直接持股,资金由第三方支付平台保护,股东权利由投资者直接行使,但分红及股权回报不在平台监管范围内。

2.3.2 间接代理股东关系

与个人直接股东关系不同的是,英国另一家著名股权众筹平台 Seedrs 采取了代持股的模式,十分具有启发性。在 Seedrs 的股东关系中,持股方式为代理制,股权由 Seedrs 代持,股东资金交由银行托管,股东权利由 Seedrs 代为行使,监管治理的原则上优先保护投资人的知情权。对融资人而言,可以降低沟通成本,吸引风投;对投资人而言,基于平台的专业人才对股权进行管理,在一定程度上降低了投资人风险和决策成本。代理制对我国股权众筹的股东关系有借鉴意义。

另外,还有一种代理间接股东关系,不是通过平台代理制,而是通过基金代理制,即投资人资金并不进入众筹平台,而是注入某家投资基金,由该基金对发起人的动议进行支持,并促其成立公司,完成企业进阶。投资者所有投票权被基金所代理,成为公司的间接股东,而基金参与公司决策和投票。比如美国著名股权众筹平台 Wefunder。Wefunder 的流程包括:寻找调研项目—集合所有投资人款项—成立小基金—入伙成立公司。Wefunder 的目标对象是中小型初创项目,定位于填充天使投资人和首轮资本间的融资空隙,具备严格的审核、资金托管、融后保管“一条龙”服务,所有流程都在线上完成,在线签署投资文件,受到股份证书即生效一个集体股东,单个、独立的投资人无股东权利。

2.3.3　混合股东关系

其又被称为“领投 + 跟投”模式或“辛迪加模式”(Syndicat)。① 通常由股权众筹平台指定一名具备丰富投资经验、行业资源、影响力和很强风险承受能力的人充当投资的领导者与协调人,其他的投资人追随领投人进行投资。[21]成立后的公司存在两类不同股权的股东:一类是具有全面事务参与、公司重大事项决策投票权、收益分红权的领投股东,相当于拥有“超级股”;另一类是仅参与重大事项投票权的跟投股东。两类股东都是公司的直接股东,但其投票权的区别行使,正好与其付出和成本相对应。在一个风险投资过程中,领投人的专业技能、资源,可以为项目的成功增添助力,而跟投人对领投人的投资引领进行判断,可以大大减低盲目投资的风险。换言之,在付出更多、成本更高的领投人身上,没有理由将航行之舵交由他人,因此领投人获得更多公司管理权是应有之义。这类股东关系的代表是美国的 AngeList、澳大利亚的 ASSOB、我国的天使汇和大家投。

以我国天使汇为例,该公司的项目以互联网行业为主,类型主要包括在线购物、移动交友、移动医疗、求职网站等。其项目在

---

① 辛迪加投资,也称联合投资,是由多个风险投资者共同对一个项目进行投资的联合投资模式。采用辛迪加投资可降低投资风险:由多个投资者参与而产生的风险分散效应,如果风险投资项目失败,投资损失将由所有参与辛迪加投资的投资者共同承担;由组合投资而产生的风险降低效应,采用联合投资为风险投资家进行更有效的组合投资提供了条件。

孵化工程中，由平台提供融资指导，包括 BP 撰写、估值模型、财务预测等。该平台为实现项目的融资，设有专门的创投沙龙对受众推荐项目，有专门的 Tech2IPO 专项宣传工程，配有对企业的动态估值，为创业者积极张罗 A 轮、B 轮融资，以便投资人更好获利。其对于领投人的资格限定较为严格，要求其拥有一定数量的个人资产、一定数量的成功案例。显而易见，这样的模式中，风险存在于对领投人资质的评估。在融后管理的公司运作中，领投人往往担任公司的要职，为一般跟投人提供专业知识、经验，保证公司从初创阶段一直进阶到初期存活，甚至更长。

2.4 我国股权众筹的现状、问题与规制沿革

2.4.1 我国股权众筹的发展态势

股权众筹自 2011 年进入我国，就呈现了迅速发展之势。我国国内第一家股权众筹平台是天使汇，该平台于 2011 年 11 月上线，孵化了“滴滴打车”“大姨吗”“黄太吉传统美食连锁”等多个知名项目。从 2013 年开始，我国众筹行业开始爆发式的高速发展，众筹平台大量涌现，融资规模增势良好。2014 年上半年，我国众筹领域共完成融资 1423 起，募集资金 1.88 亿元。其中，股权众筹共 430 起，募集资金 1.56 亿元，占募资资金总额的 83%，市场份额巨大。[①] 截至 2015 年 1 月 21 日，包括人人投、投行圈、开心投、天使街、天使汇、筹道股权、原始会、众投邦等多家股权众筹企

---

① 数据来源：清科集团发布的《2014 年中国众筹模式上半年运行统计分析报告》。

业正式成为中国证券业协会认证会员。

2015年，随着京东、阿里等互联网大型企业的加入，股权众筹行业更是迎来了井喷式发展。截至2016年6月末，股权众筹累计筹资规模在100亿至120亿元，2016年上半年为35亿至40亿元，较2015年下半年小幅增长4%左右。另外，2016年上半年实际筹资金额靠前的50个股权众筹项目，其筹款总额达到13.6亿元，占到整个行业的36%以上。[①]

不论是官方数据还是互联网研究数据都可以看出，股权众筹在我国一直保持着蓬勃发展之势。它的迅速发展和股权众筹自身所具备的"公开""小额""互联网形式"三大特点分不开，这些独特的优势使股权众筹作为新的融资工具，和我国融资市场有了一定程度的契合，迎合了市场的需求。

2.4.2 我国股权众筹发展中的问题

股权众筹在我国飞速发展的这几年，解决了一定融资市场之需求，也不可避免地带来一系列问题。由于缺乏一个系统的法律规制框架，股权众筹基本上处于一个无序的发展空间之中，在互联网搜索引擎中以"股权众筹风险"为关键词进行检索，共找到相关新闻报道146000篇；以"股权众筹投资人损失"为关键词，共找到相关新闻报道50700篇；以"股权众筹项目欺诈"为关键词，共找到相关新闻报道2700篇。[②] 上述新闻数据显示，股权众筹经过几年的飞速发展，已经进入了一个风险期，暴露出诸多问题。另

① 数据来源：按照零壹研究院数据中心统计。

② 数据来源：互联网百度引擎关键词搜索。

外，有“股权众筹第一案”之称的北京飞度网络科技有限公司（运营“人人投”股权众筹平台）和北京诺米多餐饮管理有限公司股权众筹纠纷案在海淀法院开庭审理，揭开了股权众筹司法干预的序幕。①

经笔者对上述新闻报道的整理归类，可以看出：当前股权众筹市场失序，存在的问题主要集中在五大类型。一是以“股权众筹”等名义从事非法募集资金活动，包括公开或变相公开发行股票的行为、实体企业及中介机构以“股权众筹”名义从事非法集资；二是融资平台通过虚构或夸大平台实力、融资项目信息和回报等方法，进行虚假宣传，误导投资者；三是融资人欺诈推广产品，诱导投资者，造成投资人风险；四是平台及其工作

---

① 2015 年 8 月 20 日下午，有“股权众筹第一案”之称的北京飞度网络科技有限公司（运营“人人投”股权众筹平台，以下简称飞度）和北京诺米多餐饮管理有限公司（以下简称诺米多）股权众筹纠纷案在海淀法院开庭审理，双方均派代理律师参与了庭审。

2015 年 1 月 21 日，诺米多公司与飞度公司签署《委托融资服务协议》，协议规定，诺米多通过“人人投”股权众筹平台融资，用于“排骨诺米多健康快时尚餐厅”项目。协议签署后，根据人人投平台的规则及双方的约定，作为项目方的诺米多向飞度合作单位“易宝支付”支付 17.6 万元作为项目的前期资金，并按合同约定展开项目选址、房屋租赁、店面装修等活动，人人投平台随后也按约展开融资活动，最终为该项目从 86 位投资者处成功融资 88 万元。在人人投完成融资后（此时诺米多方处于对“排骨诺米多健康快时尚餐厅”装修期间），飞度在项目监督过程中得知该项目可能存在承租房屋产权不清、违章扩建等问题，随即对这些问题向所有项目投资人进行了披露，并协助投资人约谈项目方诺米多，最终各方谈判未果，项目解散。在人人投的干预下，项目资金依据合同连本带利返还投资人。

2015 年 4 月 14 日，诺米多向飞度提出解除合同，后者表示认可，但双方均主张对方违约并要求对方支付违约金。协商不成，诺米多起诉飞度，飞度方亦提起反诉，后因管辖问题，诺米多方撤诉。飞度随后诉至海淀法院，诺米多亦提起反诉。飞度认为诺米多的主要问题是，诺米多向平台提供的经营房屋所有权性质、物业费均等，均与实际情况不符，严重影响投资人的利益。而诺米多反诉飞度的主要原因是没有按时打款。在反诉中，诺米多对人人投平台融资行为的合法性也提出了质疑。

人员挪用或占用投资者资金，卷款跑路，造成大范围投资人损失，甚至引发社会不稳定事件；五是证券公司、基金公司和期货公司等持牌金融机构与互联网企业合作，违法违规开展业务，由于业务主体的金融机构属性，故而投资人更易轻信，这类问题欺骗性更大。

股权众筹已经到了亟待监管的临界，不尽快完善法律规制，将爆发严重问题，正如上海《第一财经日报》于 2016 年 4 月发文所称："互联网金融经过几年的高速发展，已然进入风险爆发期，不断曝出的风险事件的复杂性、传导性，让互联网金融走到了'不管不行'的边界，股权众筹已经纳入重点整治领域。"①

2.4.3 我国股权众筹法律规制的沿革

股权众筹在我国经历了一个监管态度的转变：从"严格限制"到"放宽、鼓励"，再到"针对重点问题专项整治"。在这个沿革过程中，显示出监管层的各种试水探索之努力，以及理论界及实务界对股权众筹特性的认识不一。

在严格限制的治理态度下，不少股权众筹平台稍不留神就触碰到"非法发行证券"的违法红线。2013 年 2 月，北京美微文化传播公司在淘宝网店铺上以销售会员卡附赠股权的方式转让其"原始股"。据统计，在 2 月前后的 10 余天内，美微共筹集款项 387 万元，其中通过淘宝网公开转让的原始股共 161 笔，涉及 153

① 来源：《第一财经日报》2016 年 4 月 21 日，原标题"互联网金融专项整治系列：股权众筹将彻查七大问题"，载 http://money.163.com/16/0421/12/BL669R5I00253B0H.html，2016 年 11 月 8 日最后访问。

人，累计征得18万余元。3个月之后，中国证监会便对外通报，北京美微文化传播公司此举属“新型非法证券活动”，此次的通报被市场认为是证监会的首次定调：“利用淘宝网、微博等互联网平台擅自向公众转让股权、成立私募股权投资基金等从事一种新型的非法证券活动，投资者应提高对网络证券活动的风险防范意识。”自从2013年证监会对“网络募集股份行为”进行定调之后，我国股权众筹便处于灰色地带运行。

我国《证券法》第10条规定：“公开发行证券，必须符合法律、行政法规规定的条件，并依法报经国务院证券监督管理机构或者国务院授权的部门核准；未经依法核准，任何单位和个人不得公开发行证券。有下列情形之一的，为公开发行：（一）向不特定对象发行证券的；（二）向特定对象发行证券累计超过二百人的；（三）法律、行政法规规定的其他发行行为。非公开发行证券，不得采用广告、公开劝诱和变相公开方式。”从上述法律条文来看，判断股权众筹是否违法的关键在于是否“公开发行”，即是不是向不特定人发行或向超过200人的特定人发行。张明楷教授在其研究中指出：“不特定性指出资人是与吸收人没有联系的单位和个人。”[22]由于互联网的开放性，网友群体早就打破了过去的亲友联系，因此股权众筹平台一经设立，面临的当然就是不特定的网友群体，为了不触犯法律红线，我国众筹平台往往对实名认证的对象募集资金，试图利用资质、实名等方式，将不特定的网友限定为特定范围的人群，以规避法律风险。另外，由于向特定人数募集仍然不能超过200人总数，且公司法对公司股东或发起人人数也有规定，因此股权众筹平台还采取代持股方式来规避人数限制。

在规制股权众筹的沿革中，另一个概念也与“股权众筹”一词同时进入了官方语系——私募股权众筹。2014 年 12 月，中国证券业协会公布了《管理办法》。《管理办法》第 2 条称：“本办法所称私募股权众筹融资是指融资者通过股权众筹融资互联网平台（以下简称股权众筹平台）以非公开发行方式进行的股权融资活动”，直接将私募股权众筹融资定性为非公开发行性质，并创造了“私募股权众筹”的概念。[23] 从属性上来说，该《管理办法》的出台，传递出监管层对股权众筹的认识，以是否采取公开发行方式为划分标准，强行将股权众筹分为面向合格投资者的私募（非公开发行方式）股权众筹和面向普通大众投资者的公募（公开发行方式）股权众筹。[24] 这显示出对股权众筹的属性认识不明，在法律词汇的创设上，依然采取中国式语境的解读。

股权众筹的核心价值在于便捷融资，从世界各国的情况来看，其依托必然是高速发展的互联网，借助互联网的开放性，信息发布成本降低，募集对象才可能被无限放大，才真正实现大众金融、普惠金融的现实意义。这一点，从股权众筹的定义、特点中都已经体现了出来，其天然具备“公开”“借助互联网平台”等要件。若确认存在“私募股权众筹”概念，在实践中也将面临尴尬的局面，“私募股权众筹融资”只能通过实体场所——如咖啡馆、茶室等进行，无人可以通过互联网平台进行，因为网站的开放性决定了这是在“向不特定公众发行证券”，按照证券法，即使最终股东人数不超过 200 人，也是“非法发行证券”，这恰好与股权众筹依托互联网平台的开放性相背离、相冲突。从实践上来说，不论是“禁止非法发行证券”，还是管制“向不特定对象发行”，其立法本意都是为了维护正常的金融秩序、控制金融结构性风险。然而，对于新生的股权众筹行业来说，正是为了规避、应付监管规范中“向不特定对象发行证券”的红线，股权众筹平台实行了控制人数的实名会员制，但这一举措真的就实现了控制风险的目标吗？实际上，股权众筹平台上符合条件的人均可注册，成为融资者或投资者。即便是平台只能对实名资质认证的会员进行募资，但现实中仍然存在大量由会员代持、代理普通公众进行投资的行为，这岂不是更加大了风险。所谓会员制，不过是股权众筹平台疲于应付现行监管规范而增添负担和成本的多此一举。

另外，根据《管理办法》和相关监管规定，出于对“向不特定对象发行行为”的限制，股权众筹平台和融资者均不得进行公开宣传、推介或劝诱，这与现实明显相偏离。在股权众筹平台上发布融资信息、进行项目展示本就是股权众筹启动的应有之义。“募集”和“劝募”，是两个不同含义的词语，其所含法律关系也差别很大，如上文所说，即便是项目只能面向认证会员，也只是在“募集”上对红线风险进行回避，这样的回避并不见得有效，普通公众委托会员代为出资的现象仍然存在。“募集”可以只针对会员，即特定对象，但“劝募”的红线风险无可避免，因为在互联网上发布项目，哪怕是该项目只能由实名资质认证的会员进行投资，也是公开的宣传方式，面向的受众就是不特定的网民。

从《管理办法》可以看出，监管层对股权众筹的规制探索，还处于试水阶段，出于对公众参与金融活动的风险控制、预防普通群众卷入金融诈骗等考虑，可以在一定程度上理解监管层对股权众筹划分“私募”“公募”的良苦用心。但社会风险的问题不是通过增加复杂的法律词汇和规定就能够毕其功于一役的，相反，私募股权众筹的概念创设非但不会减少社会风险，反而将简单问题变得复杂,增添社会成本与负担。

2015 年 7 月 18 日,中国人民银行等十部委发布《指导意见》中明确定义股权众筹为一种公开融资行为:“股权众筹融资主要是指通过互联网形式进行公开小额股权融资的活动。”作为互联网金融基本法的《指导意见》已经定位股权众筹的法律特征,即“互联网形式”“公开”“小额”,从此对股权众筹的规制,将立足于“公开”,而非之前文件中的“私募”。

随后,中国证券业协会于 2015 年 8 月 10 日发布《关于调整〈场外证券业务备案管理办法〉个别条款的通知》指出,根据中国证监会《关于对通过互联网开展股权融资活动的机构进行专项检查的通知》精神,现将《场外证券业务备案管理办法》(以下简称《备案管理办法》)第 2 条第 10 项“私募股权众筹”修改为“互联网非公开股权融资”。这意味着,一些市场机构开展的冠以“股权众筹”名义的活动,是通过互联网形式进行的非公开股权融资或私募股权投资基金募集行为,不属于股权众筹融资范围。这一更名,标志着“私募股权众筹”这一概念被摒弃。

针对股权众筹市场出现的诸多问题,中国证监会于 2015 年 8 月 7 日致函各地方政府,要求规范通过互联网开展股权融资活动,同时部署对通过互联网开展股权融资中介活动的机构平台进行专项检查。经过一段时间的摸底排查后,包括中国证监会在内的十五部委于 2016 年 4 月共同下发《股权众筹风险专项整治工作实施方案》(以下简称《方案》),对治理股权众筹的工作进一步进行了明确。该方案重点整治互联网股权融资平台以“股权众筹”等名义从事股权融资业务、以“股权众筹”名义募集私募股权投资基金、平台上的融资者擅自公开或者变相公开发行股票等八类问题,[①]并明示了六类禁止行为,[②]标志着我国对股权众筹的规制,进入了重点整治的阶段。

然而,经过长时间的探索和治理,监管层似乎都仅仅在论证股权众筹需要规制治理的正当性和必要性,而规制股权众筹的整体规范仍然缺位,有待进一步研究。

---

① 《方案》明确了八个方面的整治重点:一是平台以"股权众筹"等名义从事股权融资业务;二是平台以"股权众筹"名义募集私募股权投资基金;三是平台上的融资者未经批准,擅自公开或者变相公开发行股票;四是平台通过虚构或夸大平台实力、融资项目信息和回报等方法,进行虚假宣传,误导投资者;五是平台上的融资者欺诈发行股票等金融产品;六是平台及其工作人员挪用或占用投资者资金;七是平台和房地产开发企业、房地产中介机构以"股权众筹"名义从事非法集资活动;八是证券公司、基金公司和期货公司等持牌金融机构与互联网企业合作,违法违规开展业务。

② 《方案》指出平台及平台上的融资者严禁从事以下六大活动:一是擅自公开发行股票。向不特定对象发行股票或向特定对象发行股票后股东累计超过200人的,为公开发行,应依法报经证监会核准。未经核准擅自发行的,属于非法发行股票。二是变相公开发行股票。非公开发行股票及其股权转让,不得采用广告、公告、广播、电话、传真、信函、推介会、说明会、网络、短信、公开劝诱等公开方式或变相公开方式向社会公众发行,不得通过手机App、微信公众号、QQ群和微信群等方式进行宣传推介。三是非法开展私募基金管理业务。私募基金管理人不得向合格投资者之外的单位和个人募集资金,不得变相乱集资,不得向不特定对象宣传推介,不得通过分拆、分期、与资产管理计划嵌套等方式变相增加投资者数量,合格投资者累计不得超过200人。四是非法经营证券业务。股票承销、经纪、证券投资咨询等证券业务由证监会依法批准设立的证券机构经营,未经证监会批准,其他任何机构和个人不得经营证券业务,不得向投资人提供购买建议。五是对金融产品和业务进行虚假违法广告宣传。平台及融资者发布的信息应当真实准确,不得违反相关法律法规规定,不得虚构项目误导或欺诈投资者,不得进行虚假陈述和误导性宣传。六是挪用或占用投资者资金。互联网金融从业机构应当严格落实客户资金第三方存管制度,对客户资金进行管理和监督,实现客户资金与自身资金分账管理,平台应严格落实客户资金第三方存管制度。

2.5 规制股权众筹的理论基础

2.5.1 私法自治与自由市场的讨论

股权众筹系目前被广泛讨论和关注的话题,它有助于解决初创企业启动资本和进阶,但也面对重重隐忧。一方面,股权众筹是自由市场的产物,符合市场发展规律,有益于资源再分配;另一方面,由于互联网的广泛性、公开性,股权众筹具有天然风险,使保护投资人的机制趋弱。由于互联网便捷、迅速、开放的特点,在市场的理性选择中,股权众筹对公众投资人的理性程度要求将会更高。[25]从企业发展来说,寻求资金支持是永恒不变的话题,当资金出现缺口,商业天使投资、风险投资和正式金融是融资的主要渠道,[26]然而,随着金融市场与互联网技术的不断发展,投资人与融资人也通过自主选择将目光投向了股权众筹。

众所周知,私法自治是市场经济法律领域的核心灵魂,当事人具有意思表示能力,能自决其法律行为,承担相应法律后果。市场经济得以繁荣,全赖私法自治精神在各类经济市场、合同履约等活动中的体现和贯穿。既然市场法律本身就具有私法自治的价值追求,当事人之间借助互联网平台进行的投融资交易,完全可以由当事人自主进行风险判断,并承担相应收益或亏损,那么为什么要干预这种当事人双方的自决判断呢?股权众筹本身具有灵活简便、多元融资等特点,一经投入市场,会分割掉传统银行业的融资份额,并且使一些融资难的小型企业、微型企业大大受益,一度成为自由市场调配资源的典范,那么为什么要管制股权众筹呢？当事人自行认可并接受的风险与收益水平，按说应当视为私法自治项下契约自由的体现，那么对股权众筹进行缩限管制，是否就成为公权力干涉市场主体自主权利的恶法呢？监管层对股权众筹进行治理的正当性何在？

2.5.2 集体决策与社会影响论

在卡特尔的研究中，“少数人力量”和“公众智慧”是一组相对概念，当群体累计、汇聚了群体内所有个体的知识与智慧，将形成超越群体中任一个体的判断力。[27]这一现象又称为“集体决策”，被广泛应用于股票市场、民意测试、政治选举等方面。[28]这项研究意味着公众的集体决策在股权众筹项目的选择中，将优于少部分人的决策或判断。

与“集体决策”相对应的研究是“社会影响论”，该学说认为公众的集体判断将无法避免一定的负面交互影响，特别是国外社会学家举出的日常例子，如购买书籍、音乐、电影等，个体往往会听取身边好友的建议，形成集体判断的多个个体，在加入集体判断之前，就已经带有了受他人影响的思考。[29]在股权众筹中，他人对项目的选择，不可避免地影响到其他个体，如果说存在集体智慧高于个体智慧的命题，那么个体所受影响，其实是对自主自觉选择能力的削弱和缩减。从这样的理论出发，项目发起人的人际网络将显得至关重要，因为该网络决定了他的圈子可以作出怎么样的宣传和劝募，用同一种口径与思考去影响尽可能多的公众，并将受到影响的个体推入集体之中，去影响更多个体，形成有利于发起人的项目选择。多元与多样，是集体智慧优越的核心价值，但受同一影响的个体加入群体后，使集体智慧本身所蕴含的价值打了折扣。因此,公众一致认可的股权众筹项目,未必一定是优质项目,发起人劝募的社会影响,将对公众形成倾向性影响,“集体决策”很有可能最终走向“集体沦陷”或者“集体冷漠”,需要从劝募行为方面,对股权众筹进行规范治理。

2.5.3 治理市场行为与平衡公众福利

不论是互联网金融的其他形式,还是股权众筹,都有别于传统政府主导下的正规化金融体系,是自由市场发展到一定阶段的社会选择产物。从功利主义出发,如边沁、埃奇沃思、马歇尔或者庇古,都将社会选择简单地视为全体个人福利的加总,将“效用”视为“幸福”,并倾向于忽视不同选择之间效用的分配不平等,从这个意义上来说,股权众筹的存在无疑是开启了一道传统金融不能完全辐射到的市场福利的大门。

这种彻底单纯依赖效用和幸福的狭义功利主义被称为“新福利经济学”(New Welfare Economics),它摒弃了人际比较和差异意识,将社会信息限制在效用范围内,因此围绕这一学说的争论至今未歇。针对“社会选择与效用至上”,深受“逻辑实证主义”(Logical Positivist)影响的莱昂内尔·罗宾斯(Lionel Robbins)等人引用威廉·杰文斯(W. S. Jevons)的观点,用以批判功利效用选择:“每一个人的思想对于另一个人来说都是难以获悉的”“而且共同的感觉是不可能的”。[30]一个看似“存在即合理”的社会选择产物,即便可以使一部分人更加幸福或对一部分人具有效用,但如何能保证在存在差异意识状态下被普遍认为是有益有效用的呢?功利主义用“效用”来代表个人福利,将其等同于幸福,在这一法治领域,是否被群体的大多数所接受呢?

肯尼斯·阿罗在寻找社会福利公式化表达的过程中，提出了著名的“不可能定理”（Impossibility Theorem），并在著作 *Social Choice and Individual Values* 中将社会选择和个人偏好联系起来，使其成为任何社会评价程序都必须满足的最低要求，而要同时满足这些最低要求是不可能的。他的观点无疑让人耳目一新，直接命中福利经济学的核心危机——“效益总加 ≠ 公众整体福利”。[31] 从这个观点出发，股权众筹固然解决了一部分市场融资需求，对一部分人具有效用，但因为其天然的风险性存在，如何保证其功利效用正向发挥来调和各种效用分配不平等，而回避其可能在社会稳定领域中引发“公众理性对抗”，就是一个值得深思的问题。最为典型的是，在过往的金融纠纷中，常常由于缺乏有力规制、交易双方存在道德风险、信息不对称等缘由，使融资链条相对脆弱，特别是当任何一个环节出现问题时，将出现多米诺骨牌效应：资金链断裂—债权、股权纠纷—投资人维权—社会群体性事件，如 2014 年 7 月，震撼整个西南某省金融业的汇通担保公司卷款事件，引发投资者大规模占街、上访，民间融资纠纷转换成为群体性事件。

这正是威廉·杰文斯对功利主义的批判，面对股权众筹强大的市场生命力和庞大的福利制造能力，效用至上、社会选择固然有其正面意义，但是，存在差异福利意识使每个人对风险与效用的认识都有所不同，当交易的某一方获得效用或利益高于其对不特定群众整体福利时，其个人差异性选择可能会触发如上述案件中的情况，将原本的秩序打破，福利效用问题转化为社会群体问题。效用的总加并不代表公众的整体福利，诸多中小企业得到便捷融资进行生产，但效用的恣意背后却是公众整体福利的沦陷。

2014 年被称为股权众筹元年，但在我国境内从 2014 年开始孵化募集的项目往往才刚刚启动，项目的前景不明，公众权益的保护也存在诸多问题，特别是诸多项目在发起前并未获得有效论证而直接上马，为股权众筹可能引发的公众金融纠纷埋下隐忧，当时预计 4 ~5 年时间，第一批项目或公司的成败将见分晓，或将出现大规模维权事件。政府规制股权众筹的治理逻辑有了新的落脚点——最大可能地避免公众福利的沦陷。社会契约理论中公众“自由权利”让渡出的那一部分，成为缔结政府、国家、公权力的衍生基础，在这一状态下的社会结构，有着“天然公正与正义”，是为公众所接受的初始状态。[32]政府通过设定初始市场，履行其政府职能的最终意义本就在于保障公众福利。约翰·罗尔斯表达这样的观点：“所谓初始位置，即一个恰当的初始状态，它能确保在其中所达成的基本协议是公平的。这一状态中的人们可以按照可接受的程度对这些正义感加以排序。”[33]罗尔斯在公平正义原则之外，还指出了公众的“道德力量”与他们具有的“公正感”和“善的观念”。[34]当政府履职不当，出现有损公众福利的社会选择产物时，公众理性具有重新选择的能力，在公众理性表现出过激的选择行动——公众对抗之前，政府最优的决策应该是规制这种可能引发公众理性重新选择的社会环境。

现代经济学之父亚达·斯密的论述明显更进了一步，基于“经济人”的说法，既然市场中人人都是理性的、逐利的，对自我投资行为具有风险预见清晰认识的，那么为什么还要多次寄望于政府的合理规制呢？斯密指出“经济人”并不应该被误解为“人仅仅是追求利益”，人不仅有“爱自己”这一行为推动力，还存在“同情”、慷慨大方、公益精神等要素，他同时还指出由于多种要素综合的“经济人”假设存在，他们需要“中立的观察者”，来指导“他的行为原则”。[35]

2.6 我国规制股权众筹的总体思路

从上述股权众筹的存在问题、规制经验、理论基础出发，我国未来所需要完善的规制股权众筹之规范，须立足在“理性作为”与“平衡利益”两个总体思路之上。

“理性作为”要明确的是政府不能管得过死。可以看出，股权众筹作为最具潜力的市场融资工具，其市场作用不容小觑，而从另一方面来讲，由于互联网的无限界度，也使这种工具的融资风险可能成倍的增长。如果因为惧怕股权众筹可能给投资人带来的风险，而对其进行严格管制，既不符合市场规律，又无疑是因噎废食；对市场进行放任，任由股权众筹市场出现各种重点问题，也必定给国家经济带来失序诱因。股权众筹市场需要一定的规制，这种规制必须由政府进行主导，即政府通过法律对股权众筹进行规制，具备正当性基础。政府主导下的规制机制，必须建立在一个合理、科学的框架之下，务求达到“既不能损害市场活力，又不能放任无序”的目标，监管是为了促进和保障，正如《股权众筹风险专项整治工作实施方案》中所说：“既要立足当前，切实防范化解互联网股权融资领域存在的风险，对违法违规行为形成有效震慑；又要着眼长远，以专项整治为契机，及时总结提炼经验，建立健全互联网股权融资长效监管机制。”

“平衡利益”是指在规制股权众筹活动中，必须要考虑股权众筹参与各方的利益，以实现一个整体利益的最优平衡。股权众筹活动中,融资发起人作为资金的需求方,是项目产生的发起人,公众投资人作为资金的输出方,其投资行为是满足发起人资金需求的基础,而股权众筹平台作为中介方,则是资金资源得以在投融资双方之间高效配置的保障。如学者刘明在其论述中所说:"在这三方主体之间,存在着一种互相依存的利益关系,对于任何一方利益的忽视或过度倾斜,都可能使股权众筹的运行链条发生断裂。"[36]因此,在规制股权众筹的总体思路上,应时刻从兼顾、平衡各主体利益出发,合理设定股权众筹平台的准入制度、经营制度、行为责任,同时合理设定公众投资人、融资发起人的主体资格与行为规范,使三方得以有序运行,既保障公众投资人的利益,又促进融资发起人的项目成功,并且给股权众筹平台预留盈利空间。

从我国探索规制股权众筹的沿革历程可以看出,监管层目前仍然停留在探索阶段,在监管态度上,从"从严"到"鼓励",从"鼓励"到"放宽",最后针对探索试水阶段中出现的问题,进行"集中专项治理"。这样的规制思路,无疑是"头痛医头,脚痛医脚",而一个完整、系统的股权众筹规制规范仍然悬而未决,这也是下文所要集中探讨的问题。

3　股权众筹中的主体资格问题

股权众筹是新兴的商事活动,在股权众筹中,出现的主体明显有三方,即公众投资人、股权众筹平台、融资发起人。股权众筹中的主体资格问题将沿着下面两个路径展开:一是规制股权众筹为什么要从主体入手?二是这三类主体应该设置什么样的准入规范?这两大路径的展开论述必然要建立在股权众筹主体的性质之上。主体性质不同,应当设置的权利义务也相应有所区别,因此明确上述三类主体的法律地位和在股权众筹新兴商事活动中的属性,就显得尤为重要。

3.1　公众投资人

股权众筹中的公众投资人是指以互联网股权众筹平台为依托,接受平台展示、推荐融资项目,根据自己判断决策,对项目进行投资,并收获股权、分享公司利益的人。它蕴含了三个内容:一是参与注资,二是自主决策,三是收获股权。

3.1.1　为何要规制公众投资人主体资格

公众投资人制度需要解决的问题是哪些群体可以参与股权

众筹。股权众筹的开放性本身就要求项目募集的对象是公开、大众的，但是不是表示在股权众筹中，任何网民都可以任意参与项目投资呢？公众投资人制度的设计，首要解决的是为什么要设定门槛的问题。

股权众筹降低了企业融资的沟通成本，并提供了一个可供展示项目的便捷平台，但这并不意味着所有公众参与者都可以有效的运用股权众筹这一互联网金融工具选择成功的项目，对于投资人来说，如何进行项目筛选、项目管理与监督的难题，仍然存在。对投资人来说，投资前行为（Pre – investment actions）与投资后行为（Post investment actions）比投资过程本身更重要。前者包括项目筛选，后者包括项目监督与管理。从投资行为来说，将出现两种假设：一是如果投资人足以智慧与理性，可以对所有、任何项目进行科学判断，风险与收益都交给市场规律调控，那么政府似乎并无管制股权众筹，甚至整个互联网金融的必要；二是如果公众无法对项目进行判断，那么如何期望公众对其投资行为进行清醒认识？投资也将变作一场赌博或投机，为了社会与经济稳定，政府必须对股权众筹主体加以规范。

第一个假设的论证，从信息不对称理论出发，它包含了金融市场可能引发的道德风险（Moral Hazard）、逆向选择（Adverse Selection）、“搭便车”现象（Free Rider Problem）。[37]实际上，在一个典型的股权众筹平台上，可供投资人获取的信息是有限的。和长期以来形成了相对完整的股票市场的信息披露制度相比，股权众筹的信息披露制度刚刚起步。和 VC、天使投资人相比，股权众筹公众投资人向项目发起人施加压力以寻求信息公开的谈判能力更小。同时，股权众筹网络平台上汇集的公众当中，具备评估信息价值能力的专业投资人士远远比一般 VC 更少,这就使信息不对称问题在股权众筹中更为严重。[38]缺乏有效信息、缺乏专业分析,加上网络平台上展示的项目众多、眼花缭乱,将导致公众投资人对股权众筹出现选择困境。

选择困境首先让公众投资人面临的是道德风险。关于道德风险,国外学者有着精辟的论述:"道德风险就是指,在任何人作出决策的时候,无论其风险多大,都将会有人因为该决策的变坏趋势而获得好处。"[39]道德风险在背水一战的企业主身上表现明显,特别是需要通过融资以挽救企业破产局面时,企业主在股权众筹平台上发起新项目,很快就能收到融资,如果平台对任何项目发起人开放并不加背景审查的话,这类项目融资风险将非常高。另一个道德风险存在于股权议价和企业主对股权的不准确报价,对于股权的议价,VC 和商业风投更具有议价能力和谈判能力,而在股权众筹平台上,公众面对企业融资的股权回报,并没有专业水平进行估值,仅仅依赖企业提供的价格,给企业主利用股权众筹过多攫取资金留下空间。还有一个道德风险存在于投资人和融资人对风险和成本的耐受度差异。在股权众筹过程中,公众投资人由于缺乏足够利益激励去进行庞杂的项目运作、公司管理和监督,融资人所面临的管理和监督成本远远低于传统融资活动,对于公众投资人的支付意愿,融资人更容易取得轻信。奥尔森就曾指出存在这样一个错误的假设:"存在共同利益关注的群体,会进行积极、准确无误的一致行动。要实现这一情景,前提是这类群体中的个体都是理性自觉的、无私的、关注整体效用最大化的"。[40]在股权众筹中,公众投资人虽然具有共同利益关注,但是基于网络用户的分散性,并不具备承担管理、监督成本的激励驱动,因此发起人更具有操作获利的空间。

在一个信息高度不对称的市场中,市场失灵就成为大概率事件。由于互联网的开放性和低门槛,任何个体都可能在股权众筹平台发起项目,而当项目的筛选不利时,股权众筹的公众投资人就面临逆向选择的困境。美国加利福尼亚州大学伯克利(UCBerkeley)分校经济学首席教授乔治·阿克尔洛夫在其论述中用"坏柠檬"(bad lemons)来解释逆向选择,当所有买方都无法在市场上获得选择好的物品的条件时,买方将会放弃在市场上购买,而好的物品也将因为得不到优质对价而离开市场,从而只剩下坏的柠檬。[41]

在股权众筹中,如果企业主无法在平台上传递有效的信号来标注项目的优质,那么寄希望于公众投资人,特别是不具备专业知识的投资人自行去辨别优质与劣质的项目,将成为非常难推进的事情。在屡次选择优质项目失败后,投资人将放弃在该平台进行任何决策,或者再不愿给予潜在优质项目一个合理对价,市场环境就恶化起来,优质项目流失和平台被边缘化就不可避免。因此,自从股权众筹出现以来,平台均把项目的初期审查(Initial screening of projects)作为重要环节,但事实上,面对专业各异、门类繁多的项目,平台并不必然负担足够多的法律义务去进行深入、细致的调查,也不可能对每一个上线项目进行专业审查,将项目筛选的义务全部课予进行股权众筹的网络平台,既不科学,也不可行,逆向选择使优质项目流失的可能性仍然存在。

"搭便车"现象存在于各种金融投资之中,特别是在投资人保护趋弱的自由市场中。股权众筹的公众投资人分散各地,聚集虚拟网络,对监督权、知识产权、退出机制、投票权等现代公司运作中重要因素的把握尚有欠缺,对其整体权益的保护力度整体偏弱。股权众筹的受众多是投资额不大的小投资人,投资人更多关注的是如何实现财富增长,对于公司成立后的股权行使,还属其次,因此“搭便车”现象就非常明显。这使公众投资人都期待管理、监督成为不排他部分,甚至像其他网络公共资源一样,可以不用自己支付成本即可获取。“搭便车”现象的存在,使公众对待公司利益很可能出现集体冷漠,风险也高度集中,信息不对称引发的损失将会覆盖更多“搭便车”、跟风的公众。

笔者通过一项匿名问卷调查,[①]发现当前公众投资人对包括股权众筹在内的互联网金融的开放性投以积极、赞赏态度,但对股权众筹中投资人可能面临的风险,却并未达到一个乐观的态势。在问卷中问及“你是否在你投资的领域具备专业知识”,选择“(1)是的”的比例为28%,选择“(2)不是的”的比例为58%,选择“(3)有时候是的”的比例为13%,从数据上看,公众投资人在投资领域具备的专业知识偏弱。当问及“你在进行投资前你会做什么事”(该问题系多项选择),选择“(3)仔细阅读网络上对该项目的介绍”比选择“(1)联系初创发起人”“(2)开展背景调查”更为集中,多出25.6%;而选项(1)又比选项(2)多出12%。从以上数据可以看到,受访者更集中地信赖网络平台对项目的介绍,即公开信息的获取;至于联系发起人,不是每一位受访者都能做到,但它比背景调查更为集中,说明受访者对通过某种途径联系发起人获取最直接的一手信息还是具备积极性,但这种积极性比前一种方式弱;背景调查之所以成为最不受青睐的选择,在于它的成

① 详见附录。

本远比前两种高。当问及“在一项互联网投资中，你是否将融资风险纳入你的考虑中”，选择“(1)是的，总是这样”的比例为27%，选择“(2)有时候会”的比例为22%，选择“(3)从不会”的比例为51%。从数据上来看，受访者作为投资人，风险考虑缺位非常严重。

另外，值得留意的是，证券合格投资人制度和股权众筹中公众投资人资格问题存在区别。证券合格投资人制度的设立基础在于在特定市场领域，将缺乏专业知识、实力、经验、风险判断等条件的投资人排除在外，以保证市场的良性运作和促进投资人利益的实现。这一制度存在于高风险、高投资比例的特定交易领域，如私募证券、衍生产品、创业板市场等。设置合格投资人制度的目的更多的不是维护秩序，而是预设这些合格投资人能够更好地保护自己，所以不需要更多的法律监管措施。可以看出，合格投资人制度是一个“精英式”的工具。符合条件的投资人，参与的都是高风险、特定领域的活动，参与者的精英化、专业化的特征使其不需要过多法律保护。股权众筹是互联网金融世界里的一个“开放”“草根”的工具，这由它自身属性所决定，这一属性也成为公众投资人主体资格制度和证券合格投资人制度截然不同的出发点。股权众筹作为新兴的互联网金融工具，具备独特属性，因此对其主体资格的规制，应当循着“广泛而基本”的认证思路，这与“精英式”的证券合格投资人恰恰相反。在信息数据庞杂的互联网市场中，需要设定一个较为基础的条件，来保护风险意识、投资经验等条件皆较弱的投资人，这些条件远远比在特定、高风险、高专业要求的投资领域所设定的合格投资人制度要求低。同时，这些条件并不损及股权众筹“普惠”“大众参与”的价值理念。从维护市场秩序和保护公众投资人利益出发，能得到规范股权众筹中公众投资人主体资格的正当性基础。

3.1.2 规制公众投资人主体资格的思路

在股权众筹的实务与理论探讨过程中，对公众投资人的参与资格出现两种认定倾向：一是通过投资人可支配财产进行认定，即投资人要参与股权众筹某个项目融资，须得进行先期验资亮资，表明自己具备充足财力以承担风险；二是通过投资人投资经历进行认定，即投资人要参与股权众筹某个项目融资须得进行经验验证，表明自己曾经从事过什么样的风险投资，其风险承受能力与本次众筹融资所可能引发的风险相匹配。

这两种方式都是值得商榷的。第一种方式是从公众可支配财产进行认定。首先，公众财力大小，确实在一定程度上决定了所能接受损失的大小。但所能接受损失的大小，并不就等同于承受风险的大小。在任何风险投资中，强调的是投资者对风险与收益的心理成熟程度，而这一关键考量显然不能通过公众持有多少财产来进行衡量。如果仅仅从公众投资人财力进行认定，那么某些具有丰厚财力却没有太多风险投资经验的人也能进入股权众筹的门槛，而这些缺乏经验的投资人，往往听信所谓稳赚不赔的信息而盲目投资导致血本无归，给不适当的劝募留下道德风险的空白。其次，财力大小与风险承受能力并不必然相关，一个公众持有500万元资产，其风险心理能承受多大的损失，100万元还是200万元，抑或500万元全部损失都觉得事不关己，这些细节问题无法从其掌握资产的层面反映出来。最后，在面对亏损时，资产大小只能表明其具备多少偿债能力，项目整体亏损或许轻微，但平摊至单个投资人头上，可能将会是倾家荡产的后果，易引发社会不稳定因素。

第二种方式显然更为不妥，单纯从参与过的风险投资项目认定投资人将面临许多尴尬。固然，投资经验丰富，具备专业技能的投资人更懂得从容面对风险和理性投资。投资人风险投资经历对判断其风险心理有重大作用，特别是在对领投人的考量上，其投资经历将减少监管层对其风险承受能力与投资能力的判断成本。一个多次参与风险投资的投资人，起码说明其有风险与收益的基本认识。但一个平等、开放的市场并不要求所有投资人都必然成为熟练工。如果仅凭投资经验对投资人门槛进行设计，那么多少投资经历才符合要求？这些投资经历中是否还要要求成功率与收益率才更科学？量化问题将成为更为复杂和增添成本的事，要知道，风险市场从来没有常胜将军，也从来不乏才智过人的初出茅庐者。另外，如果没有投资经历的公众不能参与股权众筹，那么这是否与股权众筹本身所蕴含的“大众、公开”的两项核心要素相背离呢？

在欧美证券法发达先进国家，采用什么样的方式来解决股权众筹投资人准入问题呢？美国的证券法体系率先设定了“认证投资者”制度，监管层要求公众投资人的自然人个体自身的资产净值或与其配偶的共同资产净值在投资时超过 100 万美元，另外还须有一个除外条件，即此时所用于认证的资产不包括投资人居住的房产；此外还有一种认证方式，要求投资人近两年每年收入超过 20 万美元，或夫妻收入总额在近两年每年超过 30 万美元。

英国《众筹监管规则》对投资人的准入门槛设置，与美国稍有不同，参与股权众筹的公众投资人只能是英国金融行为监管局

(FCA)授权的机构认证的成熟投资者(Sophisticated Investors)[①]与特定投资人。成熟投资人认证制度用以确保投资人在众筹投资过程中,能够拥有充分的风险心理,足够了解该项投资的风险。概括起来,英国监管层认可参与股权众筹的投资人包括:被证明或自我证明为成熟投资者;被证明为高净资产的普通投资者;作为风险资本联系人或公司财务联系人的普通投资者;在投资发起之前,确认从授权的个人收到受监管的投资建议或投资管理服务的普通投资者;证明投资不超过其净投资组合,不包括基本生活、养老金和人身保险10%的普通投资者。其中,高资产投资人指年收入不少于10万英镑或资产净值不少于25万英镑的投资者,不包括主要基本住所、以养老金形式获得的任何收入以及根据特定保险合同获得的权利与收益。

相比英国只针对成熟投资人与特定投资人开放股权众筹的做法,法国则完全不同,法国对投资者未设定任何门槛,相对来说,监管较为宽松。另外,在新西兰的立法以及加拿大安大略省证券委员会(OSC)的监管措施下,股权众筹可向符合本国一般投资民众资产的低水准门槛的公众发起,相对比较宽松。

股权众筹因为其自身所具备的信息成本低、草根色彩浓厚等特点,很难要求其公众投资人对复杂风险投资和高风险项目作出

① 成熟投资者的认定方式具体为两种,一种为由获得金融行为监管局(FCA)许可的企业进行评估,将具有足够能力来知悉投资活动中所涉及风险的投资者认定为成熟投资者。另一种为投资者自我认定,个体在满足以下任一条件时便可自我认定为成熟投资者:(1)在此之前至少6个月期间为天使投资系统或其分支机构的成员之一;(2)在此之前两年内,对非上市公司投资一次以上;(3)在此之前至少有两年时间在或曾在私募股权投资专业领域工作或为中小型企业提供融资;(4)在此之前有两年时间是或曾是一个年营业额不少于100万英镑公司的董事。

准确的理性判断和预估，需要对公众投资人的准入进行认证。世界各国都在不同程度上推行了认证制度。

英、美等国家作为资本市场最为发达国家，都不约而同地设置了认证投资人制度，这表明对股权众筹投资人的参与准入是符合两个先进金融体制国家的需求的。那么对投资人的认证管制，这些国家又有所分歧。美国、加拿大、法国等对股权众筹的投资人持宽松态度，面向公众尽可能地开放，即便是设置入场财力认证，也不过是在一般水平上确保其具备风险亏损财力。英国则明显要严格得多，除了特定投资人与成熟投资人，基本不对其他公众开放。从两种管制模式中，我们可以看到重要的一点，美国等国家对公众投资人采取的是“投资财力认证”，即只需要达到一定数额财产门槛，就取得股权众筹的入场券。英国除认证特定投资人的财力以外，还采取了“投资能力认证”，即必须具有一定投资经历，经监管机构认证，才可以参与股权众筹，这样的成熟投资人，可以不必设置财力门槛。

笔者认为，当前中国股权众筹还处于起步阶段，应当借鉴并融合上述两种认证方式，来为公众投资人设计准入制度，即采用“投资能力认证 + 投资财力认证”的模式。在投资能力认证方面，应当鼓励专业基金投资机构、曾从事证券行业的高级熟练人员、天使投资人、商业风投等参与股权众筹，一则上述参与者对项目的理性判断与分析决策能对其他普通投资人起到参考作用，减轻其分析成本，有助于推动项目的成功融资；二则对专业投资能力拥有人进行认证，有助于区别对待其与普通公众投资人应负的风险责任与注意义务，对于司法纠纷处理也有指向性意义；三则通过专业能力认证，活跃的投资人可直接在监管机构进行注册备案,对获取股权众筹市场整体情况、治理股权众筹有明显益处。至于对能力认证的量化问题,英国立法例很好地回避了是否要设计成功率这一指标的问题,采用从业经历、投资次数两大体系作为认证成熟投资人的标准,对我国未来深化股权众筹公众投资人的认证制度具有借鉴意义。

与美国等宽松准入国家一样,英国同时还进行"投资财力认证",作为对"投资能力认证"的补充。既然"投资财力"是各国都普遍认可的最基本、行之有效的准入制度,其合理之处就值得我国借鉴。借鉴美国、英国的监管规定,即只有达到一定收入水平,具有较高资金实力的投资者方可投资,并且针对单位与个人制定不同金额标准,还要考虑中国广泛的地域差异和不同的经济发展状况。最后,对"投资能力"与"投资财力"要进行综合衡量,采取两种认证体系结合的方式对公众投资人的准入制度进行构建。

值得注意的是,沿着两种准入制度的路径,英、美两国投资人参与制度可能会引发的风险大小也一度成为理论界探讨的重点。美国、法国为代表的准入制度,是否过于宽松?道德风险、金融欺诈、小投资人权利受损现象等如何避免?公众的盲目可能会导致金融市场的失序。但实际上,美国并没有出现上述担忧的问题。关键在于,美国在设置较宽松准入门槛的制度基础上,又对认证投资人的投资行为进行了科学、严谨的法律限制,具体内容将在下文进行阐述。

3.2 融资发起人

融资发起人,又被视为股权众筹中股权的发行人,是资金的需求方,企业的初创者。融资发起人的准入问题,是股权众筹中融资发起人制度最为核心的问题,即什么样的主体可以发起股权众筹。从理论与实践的角度来看,融资发起人通常具备三个特征:一是有资金需求,二是通过在股权众筹平台实名注册,三是募集资金后转入公司并发行股权。就目前我国理论与实践的现状来看,股权众筹的融资发起人制度尚未形成,基本处于空白阶段。融资发起人制度要解决的核心问题是发起人的资格或形式问题,即为什么要规范融资发起人主体资格和哪些主体可以发起股权众筹。

3.2.1 为何要规制融资发起人主体资格

既然股权众筹本身就包含"大众""普惠"等价值,那么为什么要设置融资发起人门槛呢?从这样的思路出发,似乎可以得出股权众筹的融资发起人制度本就不必要存在。然而事实是否真就如此?对于平等市场中的平等主体的行为,已经有民法、合同法、公司法进行调控,为什么还需要另行制定法律对股权众筹的主要参与人进行规制?

根据传统公司代理权理论,在股权众筹中,存在两种不同的代理冲突,一是股权人,即所有权人与管理者,即公司直接控制人对公司利益分配的冲突;二是对风险认识的冲突。第一类代理冲突非常明显,根据现代公司股权与经理权划分理论,当公司成立之后,股权人让渡出资产的直接控制权,交由代理人进行管理,代理人受托为其谋利益,但当利益激励出现分歧的时候,代理人将会摆脱股权人对他的控制,作出损害股东利益的行为。在股权众筹中,也表现出如此的代理冲突,而公众投资人与公司发起人基于对风险认识的不同、风险承担耐受度的不同,也会作出不同的判断。比如,公众投资人更关心财富增值,对公司长远规划不关心,而企业发起人凝聚了初创的心血,更愿意牺牲眼前利益,来换取企业存活或者长远发展,这样的矛盾将让代理人与投资人在资金管理上出现分歧。

从另一方面来说,代理冲突还源于企业初创者在股权众筹中对募集资金的预期控制。在进行股权众筹时,发起人拟以未来公司股权作为对价,换取公众投资人资金,但实际上发起人募集到的资金或多或少的会出乎预期,如果企业发起人募集的资金远远高于预期或企业进阶所需,则会降低企业发起人的效率激励和奋发创造力,浪费许多冒险决策可能会带来的企业活力。同时,公众投资人注入过多资金,也存在被代理人挪用或者编制各类名目侵占的可能。[42]

风险投资机构和商业天使投资人往往青睐于年轻、早阶段、高风险的公司与长远的股权回报,这类投资者注重长线经营,因此采取股权固定的方法和签订对赌协议。这些特征与股权众筹的公众投资人正好相反。[43]风险投资机构和商业天使投资人具有强大的资源与资金,用于控制和整合代理冲突,如设计精密的代理合同、企业上市失败后的对赌协议、进行企业与项目的初期尽职调查、加强监督管理等,保护他们的投资,[44]而公众投资人却远远没有这样强大的手段,如果任由发起人,即公司权利的代理人蚕食公众投资人利益的话,股权众筹也将沦为集资陷阱。截至2016 年 11 月 15 日,以“股权众筹项目欺诈”为关键词,共找到相关新闻报道2712篇。[①] 规制融资发起人的主体资格,更多的是避免“融资权利的滥用”。

3.2.2 规制融资发起人主体资格的思路

在探讨了规制股权众筹中融资发起人资格正当性之后,需要进一步探讨如何规制融资发起人资格。如前所述,目前我国在这一方面处于空白阶段,而一些国家或地区将股权众筹的融资发起人直接视为企业股票发行人。“融资发起”与“股票发行”是两个截然不同的概念,“融资发起”具备更宽泛的应用。就目前来说,在我国将股权众筹的融资行为界定为“股票发行”还存在较大争议。通过对境外发行人资格的研究,可以发现一些规制思路。

对于哪些主体可以发起股权众筹,不同国家采取了不同的结构设计。美国采取“宽松+排外条件”的方式,只要是本国注册的发行人,都可以发起股权众筹,但美国证监会作出了排外条件,要求发行人必须具备明确的营业计划,排除无营业计划的注册泛滥与恶意并购,以实现市场的有序和平衡。总的来说,美国的条件较为宽松。

与美国宽松准入相对的是意大利,其在发行人资格上采取严谨态度。意大利的股权众筹必须限定为特殊的主体——创新初创企业(Innovative Startups)。与此同时,意大利对发行人的资格认定设置了特殊的前置程序,即通过意大利商业部对发行人是否具备“创新性”进行认定,要求发行人成立不超过四年。也就是说,法律预设了一个限定,即初创企业通过股权众筹融资的周期,

---

① 数据来源:互联网百度引擎关键词搜索。

仅仅在于企业设立的头四年。超出这个周期的企业,将不被视为“初创企业”。

英国与澳大利亚对公司的公开性进行区分,封闭公司属于比较灵活和自治的公司类型,一般不允许其发行股票,而公开公司可以成为股权众筹的发行人。另外,澳大利亚的发行人制度,还有一个更为特殊之处,即设立了豁免型公开公司,该类公司与一般公开公司不同,其企业负担更轻,比如豁免型公开公司在通过股权众筹方式募集到100万澳元并且支出了50万澳元之前,是不需要提交年度财务报告审计的。而豁免型公开公司在一定条件下,其豁免权利将归于消灭,如已经成立了3年。澳大利亚法律允许发行人选择设立公开公司或豁免型公司,豁免型公司的低成本负担与政策性照顾,更符合股权众筹的价值而被融资发起人所青睐。

值得注意的是,包括采取宽松态度的美国在内,许多国家都排除了投资基金发起股权众筹的资格。

英、美等国家对融资发起人的发行人资格认定相对宽松,符合其自由化金融市场的一贯作风,但是我们要关注的重点在于,这些国家在股权众筹融资发起人制度上,有什么样的共性,这些共性能否为我国所借鉴或移植。

首先,这些国家都尽可能地将股权众筹应用于解决初期企业的需求,即企业进阶理论中的前三个阶段,在企业成熟稳定阶段后,政府还是选择通过正式金融渠道来解决企业融资进阶的问题。这样的现象也是考虑到股权众筹最初的意义——即解决小微企业、初创企业融资难问题。企业进入稳定期后,完全具备实力通过正式市场融资甚至是IPO发行解决资金问题。给予我国的启示在于，并不是任何企业的任何阶段，都可以通过互联网进行股权众筹，可以科学设置一些企业能参与股权众筹的结构模式，以减轻企业融资负担，比如豁免存续期。

其次，我们可以看到，许多资本市场发达的国家，基本上都排除了投资基金发起股权众筹。投资基金本身就是汇集风险资金开展投资活动，如果允许投资基金利用互联网进行股权众筹，将在原本就汇集的风险之上，进行风险叠加，不利于市场稳定。

最后，值得注意的是，意大利的前置认定模式，这样的模式更具行政管制色彩，对哪些主体可以参与股权众筹进行审查，以审查认定来明确参与股权众筹的主体要件。这种前置审查明显带有意大利国家色彩，与该国经济法与行政法对市场秩序管理的思路相辅相成。

统一起来看，我们可以得到一些解决我国股权众筹融资发起人制度的有益启示。各国都倾向于将股权众筹用于具有明确营业计划、进行实体生产特别是具有创新要素的企业，排除了投资基金等非实体生产主体的参与，同时，政府对股权众筹的运用阶段持有一致认知，即企业的初期。这样的思路，之所以能确保股权众筹运行在切实服务中小实体、汇集社会分散资金进行生产力创新激励的轨道上，还基于如下的资源考虑：当企业度过了初期的资金难关，就不应当继续采取这样开放的方式进行资金融合，一方面，这有助于刺激企业进一步扩大，防止发展奋进松懈；另一方面，企业具备一定规模与实力之后，其应当承担的社会责任与风险意识就要有所提高，其信息披露和管制成本也要相应提高，而股权众筹针对初创企业所蕴含的各种便利和便捷，明显就不再适合，应当对社会资源进行优化配置，将这种便利赋予更多真正有资金需要的初创企业,这样才有利于多层次资本市场的构建。

在我国,目前并没有形成一个完整的发行人认证制度。在《指导意见》中,存在一个原则性的概括:"股权众筹融资中介机构可以在符合法律法规规定前提下,对业务模式进行创新探索,发挥股权众筹融资作为多层次资本市场有机组成部分的作用,更好服务创新创业企业。股权众筹融资方应为小微企业……"在该条文中提到,股权众筹融资的直接服务定位,也就是融资发起人,应当为小微企业、创新创业企业。[45]对于融资者的范围及职责,中国证券业协会在《管理办法》中也有一些反映。虽然这些反映并没有正式定论,但起码折射出监管层对股权众筹的治理考虑,目前还没有进路到深化市场资源配置上来。以《管理办法》为例,对融资人要求应为实名注册用户,并且为中小微企业或发起人,即股权众筹的融资发起人可以是企业,也可以是自然人,但限于中小微企业。对企业股权众筹的周期与创新性、服务实体产业能力在所不问,如此简单的发起人认定规则,能否适应股权众筹市场的蓬勃发展,值得深忧。完善发起人的融资周期、创新性、服务实体产业能力认证条件,这是将来规制融资发起人主体资格的方向所在。

3.3 股权众筹平台

股权众筹平台是从事股权众筹业务的网站,其主体资格问题相比公众投资人与融资发起人来说要简单许多。股权众筹平台赖以生存的盈利模式有多种,如 Kickstarter 平台从成功项目募集资金中收取 5% 作为盈利,对于项目的选取也有一套严格的管理机制,因为项目的成功与否直接关系到该平台获利的程度。我国的股权众筹平台也存在多种盈利模式,一是与国外股权众筹平台通常的做法相似——收取项目募集资金的居间费;二是收取融资方的股权而不是现金,如京东众筹;三是单向收费制,即只向融资发起人收费,而不向投资人收费。

3.3.1 为何要规制股权众筹平台主体资格

在探讨规制平台主体资格问题之前,需要先行分清股权众筹平台的性质到底如何?从世界各国的立法例来看,有以下几种:一是认为股权众筹平台是投资咨询机构;二是认为股权众筹平台是经济交易商;三是认为股权众筹平台是中介交易所;四是认为股权众筹平台是中介服务商;五是认为股权众筹平台是一项特殊的专门机构。对股权众筹平台属性的不同认识,源于各国金融证券法律的不同设定。这些设定使股权众筹平台所处的法律土壤出现了较大差异,各国对股权众筹平台的治理因此走向不同路径。如法国将股权众筹视为投资咨询机构,这样的态度在该国《参与性融资条例》中表现出来,要求股权众筹平台作为咨询机构注册,接受监管,[46] 与此相对应的是,既然作为一般咨询机构,就不再对其有一定数量注册资本的要求,也明确要求其不能从事平台推荐以外的其他金融活动。而美国则不同,美国在 JOBS 法案中,将股权众筹平台定义为一种新的经纪商——集资门户,与该国证券经纪行业高度发达的市场环境相适应的是,股权众筹平台也在该法案中被课以严谨的治理要求。另外,澳大利亚、意大利等国将股权众筹平台认为是中介交易所、中介服务商,明确认可股权众筹平台的法律中介地位。我国的证券立法中,并没有与国外相同的“经纪”概念，从当前股权众筹所从事的业务来看，它掌握着大量的供需信息，包括什么样的项目推荐给投资人，什么样的融资机会推荐给融资发起人，而在撮合双方实现项目融资的前提下，收取一定的利润，项目所产生的权利义务关系直接归属于投融资双方，平台并不以任何一方的名义从事法律活动，其行为更符合居间的特征，笔者认为，我国的股权众筹平台视为居间商人更为合理。

为什么要设定股权众筹平台的准入制度，这与股权众筹平台的属性定位密不可分。如果股权众筹平台是定义为类似法国式的投资咨询机构，那么其似乎没有必要设置高额的注册资本。问题的关键在于，股权众筹平台的准入，是否要预设其应当承担一定项目风险，提供资金为未来业务风险作出担保。

既然股权众筹平台带有商人属性，那么营利就成为平台赖以生存的基本活动。毋庸置疑，股权众筹平台为融资发起人、公众投资人提供服务，撮合其实现资金融合与交易，这是股权众筹平台存在的基本目标。然而，在互联网信息海量化的今天，公众投资人的风险判断和专业程度并不能很好地与现行融资规则匹配，加之信息不对称等情况的存在，若任由股权众筹平台根据自己的需要进行活动，最终将使公众投资人、融资发起人成为道德风险的承担方。除了传统代理冲突的理论所阐释的情况之外，股权众筹平台挪用投融资资金、设计集资陷阱、卷款跑路等案件也并不罕见。

股权众筹平台处于融资发起人和公众投资人之间，是信息汇集的枢纽，这一特殊地位决定了其必须要具备高度义务，它是调和信息不对称的核心环节。以上文所述我国“股权众筹第一案”

为例,正是因为“人人投平台”及时向公众投资人披露了项目信息,才使部分公众投资人及时作出了理性选择,避免了一定风险。披露信息的动力来源,除了道德层面的因素,更多是作为融资市场中间主体的股权众筹平台具备一定法律义务,被科以一定法律职责,如果职责履行不到位,将在自身资金层面承担赔偿义务。股权众筹平台应当承担“防融资欺诈”“促信息沟通”“保障理性投资选择”等基本证券融资职责,上述职责不约而同地被世界各国写入了股权众筹平台职责的法律规范中,而这些职责都以要求股权众筹平台具备一定履行能力,即经济实力为前提。换言之,如果股权众筹平台的主体资格没有进行规制,当出现上述道德风险和失责之时,本应当由平台承担的失责赔偿义务,将最终由投资人埋单。以我国股权众筹平台的现状为例,截至 2016 年 11 月 15 日,以“股权众筹平台欺诈”为关键词,共找到相关新闻报道 1970 篇之多,①特别是股权众筹平台“36 氪”涉嫌欺诈一案,成为 2016 年互联网金融发展的大事件。② 截至 2016 年 10 月底,我国处于运营状态的众筹平台共有 467 家,其中包括 28 家新增平台。另外,10 月共有 30 家平台下线,1 家平台转型。[47] 从飞速发展的股权众筹平台数量和平台欺诈案件数量来看,完善平台的准入制度,从实践上来说,已经非常重要。

另外,股权众筹平台众多,任由各自为政,设立不同平台规则,势必影响行业的规范发展。因此,从市场秩序、其他参与人保

---

① 数据来源:互联网百度引擎新闻频道关键词搜索。

② 36 氪在向投资人力荐的“新三板”项目“宏力能源”一个多月前曝光的财务数据,与上一年的年末启动定增时的数据存在巨大差异。加之挂牌“新三板”后宏力能源的表现不尽如人意,影响了投资人的收益情况,遂引发投资人剧烈反弹。

护、法律职责、履行能力等方面,可以找到规制股权众筹平台主体资格的正当性。什么样的平台可以从事股权众筹活动成为下一步探讨的关键。

3.3.2 规制股权众筹平台主体资格的思路

既然要求股权众筹平台提供一定风险担保实力已经成为各国普遍做法,那么这一风险所对应的资本保证金到底需满足什么样的标准?股权众筹平台要具备什么样的条件,才能进入股权众筹活动的大门?

在各国的立法例中,体现国家认证的方式有注册制与许可制两种。美国、意大利、加拿大采用注册制。以美国为例,在美国从事股权众筹的平台必须在证监会注册为集资门户或经纪商。而与之相对应的是英国、新西兰采用许可制,要求股权众筹平台必须经过一定国家机构的许可。

两种方式都表现出国家对规制股权众筹平台的法律构建,让股权众筹平台尽可能扮演专业化的角色,并具有承担一定风险的能力。这些专业化的条件包括平台自身的运营能力、财力、结构、赔偿保险等要求。[48]如加拿大要求股权众筹平台的净资本为5万加元,并至少投保5万加元的保险。当然,保险的运用不是对每一笔投资损失都进行理赔,启动保险理赔须具备特定条件,总体把握"平台自己责任"的原则,如平台高管或董事违背禁止持有、管理、处理投资者资金或证券的义务而给投资者带来损失,将启动保险理赔。[49]意大利则更为严格的要求股权众筹平台在人员结构上必须具备品行要求与职业要求。品行要求包括:①没有被禁止或取消担任公职或受到禁止担任公职的处罚;②没有被司法机构采取强制性的措施;③没有因触犯银行、金融、证券和保险或证券市场和证券或支付工具方面的立法被判处刑罚,没有因公共管理、公共信任、公共遗产、公共秩序或公共经济或税收方面的犯罪而被判处不少于1年的刑罚,没有因任何故意犯罪被判处不少于2年的刑罚。职业要求包括在下列行业具有至少2年的经验:①担任公司的董事、监事会成员或高级经理;②从事与信贷、金融证券或保险有关的专业活动;③高校的法律或经济学科的教师;④在与信贷、金融、证券或保险有关的公共或私人组织或政府部门担任行政管理或经营管理职能,或者在公共组织或政府部门从事与这些方面无关的但却涉及经济金融资源管理的职能。[50]

综合各国对股权众筹平台的准入要求,从财力、人员、结构等方面对股权众筹平台进行了专业化设计,要求其具备一定对抗风险能力。即便是在资本市场高度自由发达的国家,公众依然信赖的是经过国家审查或符合法律条件的中介机构。

股权众筹平台应当具备什么样的条件,或者说制度构建应当采用什么样的思路呢?

首先,应当具有承担一定风险的能力。股权众筹平台作为项目投融资双方的信息交换中介,能最直接地了解到项目的真实与效益,如果股权众筹平台不需要承担任何风险,那么投资人将只能寄希望于平台自我的监查,这在一定程度上允许了股权众筹平台在面临投资人利益保护和促成项目投资的天平上倒向于后者。这样可能导致的局面是,以服务费为主要收入来源的股权众筹平台,存在拼命包装项目、发展投资人以成交的可能,由于股权众筹项目的投资周期很长,这种失范将在几年后出现,并带给投资人重大损害。尽管股权众筹投资是一件风险自担的事情,但公众投资人成熟教育还有很长一段路。从责任分配的法源来看，卡拉布雷西最早提出了严格责任的观点，这种观点要求让“能够以最低代价避免成本的人”(the cheapest cost - avoider)承担损失，这种理论即是有名的“市场预防”，或称“一般预防”。能够以最低的代价避免成本发生的人自己可以进行适当的成本——效益分析，并采取相应的行为。[51]针对信息不对称可能引发的损失，股权众筹平台在预防损失上的成本，要远远低于公众投资人。

其次，在审核的前提外，还应当具备技术条件。以我国目前的立法情况为例，对股权众筹平台的态度保持了一贯的谨慎，在股权众筹的平台准入上，采取了许可制。许可制要求非经授权任何主体不得从事股权众筹行为，而对于股权众筹平台的审核，不应当仅仅关注注册资本，还应当包含平台所必须具备的各种专业条件，如场所、专业技术、净资产的控制限度、技术设备、完整的业务管理制度等，这些思路无疑对保护投资人利益起到了积极的作用。

最后，在从业人员上，还需要设定品行标准或禁止行为。一方面，将违反法律及金融业道德准则作为排除性条件。如受到取消担任公职或禁止担任公职的处罚，受到司法机构的强制性措施，因触犯银行、金融、证券和保险或证券市场和证券或支付工具方面的法律被判处刑罚等，都作为排除性条件。另一方面，在从业准入标准上，将诚信品德反映出来，建立从业人员的诚信考核机制，从事股权众筹平台活动的主要负责人，必须在监管部门取得通过诚信考核的证照等。

但值得注意的是，股权众筹平台承担注意义务与风险责任，只是在一定范围之内，既不是与融资项目方发生连带责任关系，也不是要求股权众筹平台准入的门槛越高越好、专业条件越多越好,过重的负担仍然会造成市场的不健康发展。世界各国立法体例皆反对将所有风险课予资源的经手者,如果将全部责任转移至股权众筹平台,亦将出现显失公平的状态。在股权众筹平台的门槛设置上,应当要探求一个平衡点,一方面使治理和监管成本更低,保护投资人利益进而缓冲风险;另一方面使股权众筹平台能在投融资双方的信息交换中发挥良性作用,促进融资成功与市场灵活。这也是我国未来规制股权众筹需要深度探讨的方向。

4 股权众筹中的行为规制问题

股权众筹中的行为规制研究,是与主体资格研究相对应的。就股权众筹本身来说,研究其蕴含的行为规制理论,借鉴域外经验,结合本国实践,能完整把握该股权众筹中行为体系的一般规律,为未来完善股权众筹行为规范提供支撑。有别于股权众筹的主体问题表现出来参与者类别数量少、结构相对简单的特征,股权众筹中所展现的行为种类众多,所需要把握的类别也相对复杂,有直接投资、融资行为,有平台劝募行为、展示行为,甚至还有成立公司的发起行为,公司治理的监督、经理、股东行为等,这些在股权众筹活动中出现的行为,为什么需要规制、如何规制,是需要探讨的问题。

4.1 投资行为

股权众筹其实质是互联网金融中的投资融资活动,对于广大公众来说,随着经济发展与生活水平的日益提高,投资的需求也相应增加,互联网金融的便捷、交互特点,使公众在传统投资渠道之外,又多出了新的投资渠道。

股权众筹中的投资行为指的是公众投资人为实现私产的增值或增长，在互联网条件下，选择待融资项目，向初创企业的雏形或发起人投放资金，以期获得股权回报的行为。它包括项目选择、信息筛滤、参与路演、意向选择、投放资金、拟定协议、获取股权等完整环节。在互联网金融的世界里，参加股权众筹的投资主体，个体占据了大部分比例。

4.1.1 为何要规制投资行为

投资行为需要被限制吗？投资行为的实质，是投资人对个人所拥有私产的支配与处理。自由投资，就是自由支配。关于私产支配自由的话题一直在法学领域历久弥新，特别是在互联网要素融入市场经济，进而形成市场前所未有自由化的今天，私产支配的自由被重新关注起来。

私产权利表现为所有人对物的使用与支配，所有人可以自由决定并选择占有、使用、改造甚至消耗或毁灭该物的方式。在证券与股权的投资中，简单来说，就是资金的所有人，有自由选择"持币"，还是"持股"，也可以选择"满仓"，还是"部分仓位"。同理，股权众筹中投资人对个人私产的支配，也具备这样的自由。但在互联网金融高度自由的今天，投资主体的投资行为是否已经达到临界，可以信马由缰呢？

私产的讨论，包括自由的使用、排他的支配、转让的权利等，西方的法学家更进一步探讨了私产自由支配的更多内容，包括美国宪法第五修正案规定的征用豁免权、履行判决而必须出售所有物的法上责任、防范死手权规则（Perpetuities）等。[52]不论是从哪个层面来探讨私产自由，都离不开所有人对私产的支配与处置。

在私产正当性理论中,霍布斯、洛克、卢梭、穆勒、诺齐克都进行过相当长时期的研究。正如诺齐克描述所有人对所有物的正当支配时所称:“凡物临世,必已附着于对其有权属之人。”[53]

霍菲尔德与拉伦茨从权利创设角度来阐述,所有财产权利都是通过立法将公共资源,如国家的土地和物质财富给予某个民事个人,让其作出使用的决定,而不必考虑社会上其他利益的影响,从而缔结最基本的民事法律关系。霍菲尔德在《司法推理中应用的基本法律概念》中,试图寻找法律权利的“元形式”,在权利的概念下,进一步细分出“权利”“特权”“权力”“豁免”的更小元素。[54]拉伦茨在《德国民法通论》中选择性的将法律关系进行了解构,将法律关系分析为“权利和权能”“预期取得”“法律义务”“其他拘束、负担性义务”“权限”等,[55]不论从何种路径出发,为私产自由的辩护都显得合情合理。我们似乎可以作出这样的推论,股权众筹中的投资人,基于对个人私产的正当支配,享有投资的绝对自由,而法律对其行为的关注,只能在于“规范”,而不能有任何的“缩限”,这样才是对整个自由市场有利的事。

股权众筹和过去任何一种金融工具一样,在诞生之初都饱受争议,除非它可以表明私产的自由投资制度下,每个人都能更为富裕,或者至少没有人比现在更糟。为了对自由支配作出正当化演绎,洛克试图说明一些人享有自由支配的好处而另外一些人陷入贫困是公平的,引入了“抛弃论”(Argument about Desert)。他说:上帝把这个世界交给“那些勤劳而理性的人们……而不是让那些争吵不休、好勇斗狠的人满足其贪婪和反复无常”,如果存在部分人对资源、财产更明智、更有效的利用,那是因为这部分人善用了他们谨慎、勤劳、自制的理性,而存在部分人之所以贫困,很大程度上是因为他们整天无所事事、肆意挥霍、缺乏进取。[56]黑格尔对私产的绝对支配的论述,也成为洛克等人的理论补强,他认为所有权的自由支配有助于个人“人格的纯粹主观性”,[57]正是法律制度允许个人对资产进行自由支配,才使个人的投资方案或计划得以付诸实现,否则这些念头就仅仅停留在大脑里。

然而,事实与此相反,在市场经济中,由无数对价格信号做出反应的个人和企业在分散化的基础上进行投资决策,每个人都在力图从其绝对支配的私产使用中获得最大利润,而这样的局面即“绝对的自由”导致了绝对的市场失控。不断发生的金融危机与结构性金融风险,使对自由资本的功利主义辩护越来越难,股权众筹无疑放大了这样的风险,受众远远比过去任何一种市场更多、更广。当前股权众筹市场中,存在的重大问题,不是投资没有自由,恰恰相反,是投资过于自由,这种自由甚至会演变为一种无序和“无法”的状态。纵观近年的互联网投资市场,各种投资层出不穷,各种募集名目也不断翻新迎合网民投资需求,稍有些资产的网民通过简单的注册,就可以参与到各类所谓的“股权投资”中,其参与成本几乎为零,而风险控制能力也几乎为零。个体固然有对私产支配的自由,但这样的自由并不是绝对的自由,这一点,在世界经济一体化的今天显得尤为重要。

正如亚当·斯密指出由于多种要素综合的“经济人”假设存在,他们需要“中立的观察者”,来指导“他的行为原则”。过度自由的投资行为如若放任将走向何处?以我国当前状况为例,针对互联网上数量巨大的股权投资行为,2015 年 8 月 3 日,中国证监会发布《关于对通过互联网开展股权融资活动的机构进行专项检查的通知》,[58]文件中指出这种无序和“无法”的状态:目前,一些市场机构开展的冠以“股权众筹”名义的活动，是通过互联网形式进行的非公开股权融资或私募股权投资基金募集行为，不属于《指导意见》规定的股权众筹融资范围。[59]同时，证监会向各省级人民政府印发了《关于商请规范通过互联网开展股权融资活动的函》，对相关要求予以明确。随后中国证券业协会发公告，将《场外证券业务备案管理办法》第2条第10项“私募股权众筹”修改为“互联网非公开股权融资”。[60]随着对股权众筹市场的规范，在上述文件中明确界定“通过互联网形式进行的非公开股权融资或私募股权投资基金募集行为”不是股权众筹中的投资行为。这样的禁止性界定，有助于对投资行为进行规范，从网络平台的角度进行摸排清理，显示出监管层已经开始重视投资行为的无序和过度自由。

另外，对投资行为的限制，可以具体到是否对投资行为设定限额的问题上来？诚然，股权众筹投资主体有自由选择“持币”，还是“持股”，那么也就意味着投资主体有自由可以选择“满仓”，还是“部分仓位”。法律似乎没有必要对投资人在每一个项目、每一个投资周期中能投入多少资金设定限额。然而事实是否果真如此？投资主体享受投资自由的基础，是拥有一个信息对称的市场，众多弱小的主体都可以在股权众筹的活动中，找到自己“议价”的筹码。在互联网基础之上的股权众筹，这种信息失灵，表现得更为凸显，包括投资人与融资人信息不对称、领头人和跟投人信息不对称、股东和融资成功后的公司管理层之间信息不对称、投资人与平台之间信息不对称等。信息失灵问题存在，投资人的保护需要加强。与传统股权投资不同，当投资人发现无法克服信息失灵问题的时候，可以选择加强公司控制力，也可以选择“用脚投票”，出卖持股。然而，当前股权众筹投资人一旦投入资金，除了极个别能参与项目或后期公司的管理外，广大互联网用户能直接参与公司控制的并不多，由于投资行为目前尚没有十分健全的退出机制，投资人根本无法选择及时的“用脚投票”。特别是在项目运作的前期，资金甫一进入，公司机制尚未形成的时候，这种情况更为明显。

笔者进行的一项调查中设置了这样的问题——“你愿意为一项股权投资支付多大比例的代价”，选择“(1)较大比例，将我投资预算的大部分用于长线投资”的比例为13%，选择“(2)普通比例，在投资预算中分配一半左右作该类投资”的比例为36%，选择“(3)一小部分我所能支配的投资预算”的比例为7%，选择“(4)没有考虑过投资比例的问题”的比例为44%。[①] 从数据上来看，选项(4)的比例最大，受访者中很大一部分是没有考虑投资比例问题的，另外值得注意的是，有36%的受访者选择了一半的比例用于投资。股权众筹的投资人大多数都是缺乏专业金融投资知识的互联网用户，这样的比例明显过大。而当问及“你过去投资的经验中，用多长时间对项目进行考察”，选择“(1)少于24小时”的比例为38%，选择“(2)大于3天”的比例为23%，选择“(3)大于半月”的比例为12%，选择“(4)大于半年”的比例为27%。[②] 从数据上来看，受访者对项目的考察力度明显偏弱。股权众筹基于互联网的广泛性、涉众性，极易出现结构性风险，如果存在对项目信息考察力度偏弱，又对投资风险比例考虑不够完善

① 详见附录。
② 详见附录。

的状况,那么的确有必要在投资的数额上进行规制,以预防互联网“公众盲目”引发的市场失序。

以美国的设置投资行为限额的模式为例:2012 年 3 月,奥巴马通过了 JOBS 法案,该法案的第三部分对股权众筹的投资行为进行了详细的规定。该法案第 302 条规定,私人公司可以就通过众筹平台从众多小投资者处筹集少量资本,但对投资者每一年的投资行为作出了限制:“a. 如果其年收入或净财产少于 10 万美元,则投资者每年用于收购股份的资金额不得超过 2000 美元或其收入的 5% ,b. 如果其年收入或净财产不低于 10 万美元,则投资者每年用于收购股份的资金额不得超过投资者年收入或净财产的 10% 。”随后在 2013 年 10 月,美国证券交易委员会 SEC 批准了对众筹融资进行监管的草案,细化了对投资行为的限制,对个人投资者在 12 个月内可以在所有众筹融资平台上投资的资金额度做出如下限制:如果其年收入不低于 10 万美元,则每年收购的资金总额不得超过年收入或净资产的 10% ;如果其年收入低于 10 万美元,则每年收购的资金总额不得超过 2000 美元,或不超过年收入及净资产的 5% ,对于上述数值取最大者。美国对投资行为进行限制的法律设定与其宽泛的准入制度相匹配。长期以来,在投资人参与股权众筹的行为中,由于存在上述的限制规则,即便是毫无经验的任意投资人,都不可能轻易遭受毁灭性的损失。这样的局面,无疑是对股权众筹信息失灵状况下投资人的一种有力保护,也是对股权众筹投资行为进行限额设定必要性的力证。

4.1.2 规制投资行为的思路

放眼世界各国的立法体例,似乎都没有放任投资资金过度自由的态度,即便是对投资行为比较宽松的国家,也会相应采取限制投资人准入的方式来限制投资的整体环境。因此可以发现存在这样两种限制路径,一是对投资人准入严格,则对投资行为宽松;二是对投资人准入宽松,则对投资行为严格。严格准入与宽松行为限制、宽松准入与严格行为限制的两种投资限制模式相比较,后者从保护投资人、风险分担、股权众筹核心价值来看,都更为科学。从实践角度来看,我们也能得到相同的答案。前文述及,美国、法国为代表的投资人准入制度相对较为宽松,那么是否就会必然出现许多道德风险、金融欺诈、小投资人权利受侵害、公众盲目、金融市场失序等问题呢?实际上,美国并没有出现上述问题。关键在于,美国在设置较宽松准入门槛的制度基础上,又对认证投资人的投资行为进行了科学、严谨的限制。美国要求投资人的投资行为必须在JOBS法案规定的限额之下。由于该限制规则的存在,即便是毫无经验的任意投资人,都不可能轻易遭受毁灭性的损失。

对股权众筹投资行为的限制,总的来说有如下几种限制方式:一是对投资人单次投资数额进行限制,即单次限制;二是对投资人可支配资产或净资产进行投资设定比例,即资产限制;三是对投资人多次参与投资资金总量进行限制,即总量限制。

国外对投资行为的限制模式各有不同,有的采单一模式,有的混合上述三种限制模式对投资行为进行规制,而混合限制模式居多。单一制的典型代表为美国,其根据投资者的收入或净资产限制投资者一年内能投资的所有股权众筹发行人的总金额,即资产限制。英国也是采单一资产限制,要求投资人进行股权众筹的投资不超过其净投资组合的10%,为了进一步控制风险与保障民生,这一资产限制还排除了基本生活、养老金、社会保险等,投资人须倒置举证,证明自己进行投资的资产除去上述几种生活基本费用外,不超过净投资的10%。这一点,英国比美国更为谨慎。

混合制的典型代表为加拿大,该国法律不仅规定一个投资者单次投资的金额,即单个投资人对单个发行人的单次要约不超2500加元,同时也规定了一定时期内投资总量,即单个投资人12个月内可参与的股权众筹的总投资金额不超过10000加元。与加拿大相似的例子还有澳大利亚,澳大利亚法律规定:单一公众投资者12个月内只能对单一发行人投资2500澳元,对所有发行人的投资不得超过10000澳元。可以看出加拿大、澳大利亚均采用单次限制与总量限制相结合的方式。

我国在股权众筹中完善治理投资行为规则,可以借鉴上述的各种限制投资行为思路。笔者认为,在对待境外经验上,首先,坚持股权众筹的普惠原则,放宽准入,这一点是股权众筹的应有之义。在放宽准入的同时,采取混合制对投资行为进行限制,可以参照国外经验,在限制投资人单次投资金额占净资产的总数之比例的同时,对投资人参与股权众筹一定时间内的总量进行限制。美英国家采单一限制的方式,系因其投资人与市场的成熟程度,都处于世界较为领先地位,而我国在经济发展阶段,应对股权众筹所面临的各种局面,采混合制将更为适宜。其次,除了总量限制、单次限制、资产限制以外,我国对金融投资行为的传统治理经验中,也有可资借鉴之处,比如强制平仓限制、担保限制、持仓限额限制等,都可以为治理股权众筹投资行为提供有益经验。

可以预见,未来我国细化股权众筹中投资行为的治理规则,将会是集多种限制方式为一体的综合治理模式。

4.2 融资行为

股权众筹中的融资行为,是企业初创者或项目发起人,为募集资金,解决企业初创阶段资金问题,在一定的平台上发布创意或项目计划书,招揽投资人,并承诺以成立的初创企业或项目实际股份作为回报的行为。股权众筹中的融资行为,本身具备公开、广泛、小额的特点。这些特点,亦是股权众筹中的融资行为与一般融资行为的不同之处:第一,该行为一般募集的资金属于小额融资。任何企业初创阶段,资金的缺口通常不会很大,而根据企业发展进阶理论,当企业具备足够实力而处于稳定期后,在正式金融渠道获得融资的概率将上升,而这样的融资远远比股权众筹中所获得的资金量大。第二,该行为面向不特定人。这里的不特定,从融资发起人而言,意指投资人与发起人之间,在进行融资行为之前没有任何关联。在互联网上进行融资的行为,面对的投资人范围早就打破了传统亲属、朋友之间的界限。互联网群体打破地域性、特定性的人际特点,产生了一种“背靠背”的融资模式,即便是现在互联网融资平台均要求用户采用实名制,但对于融资发起人来说,即便是互联网的实名用户、会员用户,都不具备事前关联。换言之,股权众筹中融资行为的公开属性是指在网络上公开,具备互联网属性的公开。既然股权众筹的唯一正源已经确定为公募,排除了过去私募概念的混乱使用,那么在对待融资受众的特定与不特定问题上,就应当进一步解除过去向不特定人发起证券、向不特定人吸取存款等法律红线,对于股权众筹的“小额”项目,设定豁免规则。第三,该行为的不特定性还蕴含广泛的受众结构。从互联网属性来说,一个项目或初创企业的展示,其受众身份、数量都将会是未知的、不可预见的。股权众筹中融资行为具备的广泛属性是指网络受众的广泛。其数量上来说,一个项目的网络展示,其受众绝对超出 200 人,如果依照现有法律限制,面对 200 名特定对象发行证券或募集资金,均被视为向"不特定募集",那么融资行为将处于尴尬境地,现实中许多众筹平台采用会员制,会员制的悖论在于,难道在互联网上可以轻易注册的平台用户就可以视为不是"不特定对象"了吗?在超出 200 人限额后,众筹平台对超出部分的投资人使用代持、代投的方式进行规避,这无疑是增添了负担与成本,使该法律规定本身的意义不仅没有实现,还对现实融资行为束手束脚。在对融资行为的规制问题上,需要讨论的,仍然是两个层面,一是为何要规制融资行为,二是如何规制融资行为。

4.2.1 为何要规制融资行为

融资行为是股权众筹的起点,也是股权众筹中反欺诈和强制信息披露的主要义务方。"反欺诈"和"信息披露"是证券市场立法的两大法律基点,各国对金融市场的管控也是从上述两种义务展开。股权众筹作为新兴金融工具,其融资行为是否也需要向过往大量的金融工具一样,对其实施规制,就值得深入探讨。

从强制信息披露的角度来说,克服信息不对称、信息失灵,是融资发起人的基本义务之一。毋庸置疑,市场信息的获取,是投资人作出投资行为之真实意思表达的根本。股权众筹中的发起人利用互联网平台发起融资,招揽投资人,必然要尽努力让投资人了解项目内情,让投资人对发起人的初创思路有所了解,在多次路演与磋商后，双方达成一致，完成整个资金募集行为，投资人随即获得所期股权作为回报。这一过程体现的是契约自由精神，关于契约自由的论述已经蔚然大观。而越来越多的学者意识到，在契约自由的基本精神之上，仍然存在另一个信息成本问题。即契约相对人赖以作出订立契约之意思表示，是不是理性并且完整。如果意思表示不真实，契约可能面临被撤销否定的局面，但在“意思表示不真实”与“意思表示真实”之间，并不是泾渭分明的。在现代商业中，存在大量的商业信息，也存在大量的商业契约，如果对每份商业契约进行考量，将是一件非常庞大的工程，而作为现代商法中的主体，在进行商事活动中，往往面临信息的收集与判断，如果信息决策建立在信息汇集不完整的情况下，那么在契约行为中反映出的契约自由即便是真实意思表示，也有可能是不完备真实意思表示。在意思表示“真实”与“不真实”之间，还存在“意思表示真实而不完备”的层次。这一层次与传统民法理论、契约理论中的“意思表示瑕疵”决然不同。“意思表示瑕疵”是针对意思表示真实而言，是指行为人的意思表示在真实性上存在瑕疵。亦会对契约行为的“成立”与“生效”产生重大影响，简言之，意思表示瑕疵往往使契约行为处于效力待定状态，可以通过补强或修正，使具有瑕疵的意思表示转变为真实意思表示而形成法律行为或无效法律行为，甚至根本上否定意思表示而使法律行为归于消灭无法成立。但在股权众筹中的“意思表示真实而不完备”却是一个特定的阶段状态，它指的是投资人与融资发起人双方在各自进行了信息成本考虑之后，根据各自手中现阶段掌握的信息进行意思表示的状态。虽然它具备阶段性、局限性，但却是双方真实意思表示，并不具备瑕疵。而真实意思表示不完备情况的出现，将使投资人与融资发起人双方无法达成最优化的契约状况。

这样的契约状况，是市场信息失灵的表现形式，融资发起人可能发布了所有的项目信息，但基于互联网的各种属性及投资人的自身因素，投资人并不必然就能通过全面获取信息来作出意思表示。

甚至更进一步，当融资发起人利用信息失灵的市场状况从而故意隐瞒项目负面信息、夸大获利情况、与领头人串通等现象发生时，投资人甚至根本无法进行理性判断，也不可能做出真实意思表示。在现实中，融资发起人对信息的汇总、甄别，以及据此作出的判断、决策水平往往明显高于投资人，这样的情况下，如何期待信息劣势方在市场的议价环节里意思自治呢？特别是互联网因素的介入，一个融资项目动辄涉及许多投资人，投资金额小而分散，一旦出现风险事故，投资人依现有民法体系及合同相对性进行维权成本极高，难以防范市场失序。

给予投资人一个可以进行全面决策，完备且理性的作出真实意思表达的市场环境，成为立法者对融资行为进行规制的正当性基础之一。这些规制内容，包括但不限于加强信息披露，以及对欺诈者进行强力处罚以加大其违法成本等。

从信息成本的博弈来看，也可以找到立法对融资行为进行规制的另一正当性基础。

股权众筹中的互联网金融活动主体面对互联网世界的海量信息，任何一个人都不可能全知全能的进行充分的理性判断。股权众筹中的融资行为，首先包含的一个重要环节是信息披露，但信息披露是需要成本的，特别是在对公开募集资本要求严格审批的立法制国家，一项成功的募集融资需要经历的流程十分漫长，其程序之繁杂谨慎，比如我国发行审核委员会（以下简称发审委）对首次公开募股（以下简称IPO）进行的审查流程，要求企业尽可能地进行信息披露，在便利融资与保护投资利益的平衡选择上倾向于后者。这样的考量，亦是为了尽可能地解决信息不对称的情况。然而，这样的方式，是否能切实解决信息不对称问题？企业应当承担的披露成本是否会为便利融资造成障碍？

在股权众筹中，我们可以看到存在这样的成本博弈，解构这样的博弈模式，有助于分析融资行为存在问题的症结所在。假设公众投资人为A，作出投资行为分为两种情况：一种是积极作出信息决策，对融资人发起的项目进行积极投资，标记为X1；另一种是消极作出信息决策，对融资人发起的项目进行消极投资，标记为X2。假设融资发起人为B，作出融资发起行为也分为两种情况：一种是积极地披露信息以招揽投资人，标记为Y1；另一种是消极地披露信息以减少自己的信息公开成本，标记为Y2。在A与B的行为交互过程中，会出现如下四种组合：X1和Y1、X1和Y2、X2和Y1、X2和Y2。其蕴含的博弈模式为：

模式一：投资人积极投资对应融资人积极披露信息；

模式二：投资人积极投资对应融资人消极披露信息；

模式三：投资人消极投资对应融资人积极披露信息；

模式四：投资人消极投资对应融资人消极披露信息。

在模式一中，投资人积极作为，广泛调取项目信息，持看多心态，对目标初创企业发展前景看好，主观上对持有该企业的原始股份抱有信心，在经过投资成本与风险的权衡后，作出了积极投资的信息决策，其意思表示真实、自由。融资人则尽可能地披露项目信息，招揽劝募投资人，将项目的优点缺点都进行详尽展示，不计信息成本，使但凡加入的持股人都会对企业发展注入资金和活力。这样的模式无疑是股权众筹中融资行为达成的黄金模式。

在模式二中，投资人仍然积极作为，其活动状态与模式一相当，然而，在这一模式中，融资人却消极披露信息，在主观心态上计较过多公开信息带来的成本和引发投资人放弃项目的考虑。在这一模式中，投资人哪怕再积极调取信息，面临信息不对称局面的可能性也非常高。在投资人贸然进行投资后，发现该项目或该初创企业并不是之前展示时那么美好，最大可能的选择将是利用股权众筹的退出机制，用脚投票，放弃对该企业的股权。

模式三又有些许的不同，互联网的海量信息有时让人难辨真假，不论是出于以往经验判断，还是出于对庞大信息量决策的有限理性，在面对融资人积极、穷尽的信息披露时，投资人采取保守、消极的心态，对信息的真伪持保留态度，举棋不定、犹豫再三，最终的结果是融资人过高地承担了信息成本却无法获得期望的融资，导致放弃股权众筹这样的融资方式。

模式四恐怕是最坏的情况，双方都抱有消极的态度来对待融资行为，在这一过程中，双方达成合意的可能性很低。如果说融资行为的披露信息成本会造成企业方过多负担的话，在模式四中，企业初创人如何说服一群对项目完全不感兴趣、没意向的人将使其身心俱疲。

现实中，出现模式一的时候少，出现模式四的时候却相对较多。A 作出 X1 和 B 作出 Y1，我们认为是最优的选择，这样的选择包括但不限于双方意思表示真实、完备且能实现最大利益的要素，然而作出最优的选择意味着双方付出的成本也最多。在双方进行利益博弈的时候，A 和 B 往往都希望自己能以最少的成本获得最优的回报，即便双方愿意作出最优选择，却不能保证自己的率先示好能得到对方的最优选择的回应，于是双方又退回了第二选择，即消极选择 X2 和 Y2，这样，模式四的局面就出现了。

从市场繁荣及有利于投资人、融资人的角度出发，黄金模式自然是诸方乐见的最好局面。然而，若将促成这一局面的任务交给自由市场，往往出现的，都是模式四——负面模式不仅无法维护双方利益，甚至会带来市场失序，自由市场的调控在这种博弈模式中，明显无法发挥作用，这就需要对融资行为进行法律规制。

4.2.2 规制融资行为的思路

股权众筹中融资行为的规制问题，包括对融资行为的筹资量、时限、周期、方式等各方面进行法律规制。融资行为的规制问题，比较直观地反映出监管层对股权众筹是采宽松抑或严格的态度。纵观世界多数国家，对股权众筹中融资行为的限制问题态度不一，其思考路径大抵分为两个层面：一是是否有必要对股权众筹中发行人的筹资上限进行法律限制，二是如果必须要加以限制，那么如何限制为宜。

对于第一个问题的探讨，仍然离不开对自由市场与参与人有限理性的讨论，融资行为与投资行为有所不同，融资行为是股权众筹一切行为的起端，正是因为存在市场需求，才会出现市场供给。当一个初创公司或项目的所有人面临资金缺口时，就有了融资需求，这样的需求在这个阶段仅仅是停留在“意向”状态，只有当发起人的“意向”付诸实践，在股权众筹平台上进行项目展示，发起要约邀请，其融资行为才得以成立。问题在于如果融资行为系以发起人根据资金需求将“意向”转化为要约邀请的行为，那么监管层似乎没有充分理由对融资人的真实资金需求进行臆断而设立一个所谓安全上限，以限制发起人自由而为的要约邀请。但事实是否如此？我们通过对比可以看到，世界上股权众筹的法律规范体系比较发达的国家中，除了英国对股权众筹中融资发起人的融资行为之数额上限没有进行限制外，美国、法国、加拿大、澳大利亚等国都不同程度地对股权众筹的融资总额进行了限制，这样的限制无疑是对发起人的融资行为进行权利缩限。

如果对股权众筹中融资行为进行上限限制是科学、合理的世界通行做法，可是为什么会独独出现英国例外的现象呢？深入研究英国的金融与法律状况可以看到，英国是老牌金融国家，但其对于新兴金融工具的态度却比任何国家来得谨慎，正是因为这种对待风险的谨慎态度，英国创设了应对自由市场风险的完备防范体系，可是在对待股权众筹时，英国却没有对其融资行为上限进行限定，表面看起来，英国这一次过于放宽，甚至可以说是放弃了以往金融市场治理的风险意识。其实不然。英国对股权众筹中融资行为的态度比任何国家更为严格谨慎，在英国监管层的思路里，并不允许无所限制的过度自由，并将这种行为视为肆意的市场扩张。之所以在股权众筹中不设定融资上限，一是出于对于自由市场精神的维持与坚守；二是在融资行为的限制角度，英国增设了另一些条款进行规范治理，而这些条款足以让监管层对自由融资行为保有信心不会失控——英国市场法律还规定股权众筹的融资行为必须包括严格程序的公布招股说明书、其他披露信息的文件等，而这一系列的信息披露活动与融资行为的资金总额挂钩。这样的规定对融资发起人课以严格成本与义务，监管层并不限制发起人的融资行为上限,发起人在市场上可以根据资金需求发起任意数额的股权众筹融资,但是重点在于,融资行为的数额越大,发起人需要承担的信息成本就越重,监管层无疑是将作出最优选择的平衡权利交到了融资发起人手上,要么发行与自己适当匹配的融资从而少负担成本,要么稍微冒进发起一些比较大的融资项目,但却必须承担高度成本以保证投资人利益。

我们可以把英国对融资行为的限制视为一种间接限制,即通过对融资人作出成本选择进行引导进而限制其融资行为的数额大小。美国等国家则可以视为直接限制,其对比情况如表4-2-1所示:

表4-2-1 各国(除英国)对股权众筹中融资行为上限对比

国别	美国	加拿大	意大利	澳大利亚	法国	新西兰
总额	100万美元	150万加元	500万欧元	200万澳元	100万欧元	200万新元
时限	12个自然月	12个自然月	一年	一年	12个自然月	一年

从表4-2-1可以看出,对股权众筹中融资行为采取直接限制的国家,往往都具备了两个共同点,第一个共同点是对股权众筹中融资行为的时限规定都不会太长,其立法精神在于股权众筹本身就是互联网快捷属性的产物,适当精简时限要求可以促成融资发起人利用有限的资源进行企业创新,在规定时间内提高活动效率,也给融资发起人进行融资行为提供了一个弹性空间,比如美国法案规定在12个自然月内可以募集的最大上限为100万美元,融资发起人可以根据资金需要或企业项目的行进情况,自行安排在这一精简时限内的融资活动精力分配,以期实现资源优化配置。

第二个共同点在于各国对于股权众筹中融资行为的数额上限都根据本国实际经济情况立足于“小额”需求，其原因在于，股权众筹的基本理念就在于为初创企业解决资金问题，一般初创企业的资金需求不会过于庞大，“小额”的设定更符合市场实际。在股权众筹法律体系比较健全的国家，发行人的融资行为上限还区分该行为是集体行为还是单个行为，从而分别对其上限作出限制，如加拿大法律规定股权众筹中融资行为的上限为150万加元，但这150万加元并非针对单个发起人所设，该国法律引入了“发行人集团”[①]的概念，150万加元的上限设定也是针对“发行人集团”而制定。

我国的融资市场离成熟还有一段距离，在未来对股权众筹中融资行为的规范立法中，并不适宜一蹴而就采英国模式，这种过于宽松的方式将成本与风险完全交到融资人手中，将引发的局面是融资人屡屡铤而走险，进行违规、无限量的募集，最终会导致股权众筹网络参与人的大范围风险。从立法思考上来说，应当本着解决信息成本博弈问题与预期利益保护的路径，采各国通行的限制模式，对股权众筹中融资行为的募集总额和募集时限作出双重限制，至于在一定时限内募集的资金上限如何确定，应当结合我国实际经济水平与人均可支配收入，制定合理的融资限制，既促进小微企业融资，又实现风险的可控程度。

规制融资行为，是为了避免融资主体消极披露信息所造成的不利局面，也是为了在一定程度上克服道德风险，但并不是说规

---

① 发行人集团包括发行人、发行人的附属公司以及与发行人或发行人的任何附属公司从事共同事业的发行人。

制融资行为需要以牺牲融资的便利性为代价，在信息市场，不可能将全部成本负担都归于其中一方。“规制”并不等于简单的“限制”，从上述信息成本的博弈模式中可以看出，一方面，在法律框架下，应当尽可能地降低融资发起人的信息成本，让其在作出最优选择的同时，不至于增添过多顾虑，顾虑减少则作为将变得主动积极；另一方面，在投资人面对融资行为时，依据法律事先拟定的模式，可以获得尽可能多的信息，并与融资方进行有效沟通，如此才能减少投资人的决策判断成本，以促进双方同时作出最优选择。

众所周知，信息披露的义务必然带来融资发起人成本的增加，特别是在监管体系健全的国家，往往要求融资发起人对融资进行详细的申报，由监管层对项目进行审查。

在股权众筹的融资行为中，对项目进行什么样的审查，是实质性审查还是形式性审查，有两种不同的意见。这两种审查意见都对融资行为有着重大影响，但就两种审查方式本身的理解，并不存在分歧——监管层究竟是否应该干涉项目本身的市场运作？

长期以来，我国对证券金融市场都保持十分谨慎的态度，行政色彩比较严重，以 A 股市场为例，但凡想要上市融资，进行 IPO 的企业，都必须经过发审委的审查。发审委的设立，本身就有着计划经济时代的独特烙印，它不仅对企业的 IPO 进行形式审查，还时常对该企业主营项目是否能够获利经营、是否具有市场价值进行判断。这是将本该交给市场判断的事，硬生生交给了监管层，而监管层并不是通晓所有行业的专家，比如 2008 年申请上市的“××生化”，在审批材料中所述的公司获利主营项目“金种子计划”，被发审委驳回。发审委似乎成为 A 股市场最大的投资人，必须要关注 IPO 企业的项目运作。随着法律法规的进步，证券法领域弱化行政对微观市场干预的呼声越来越高，IPO 也将由发审制走向注册制。

同样的道理可见于股权众筹的融资行为中。股权众筹的融资行为，比 A 股市场更为自由、更为广泛——它本身就是为自由融资、解决小微企业融资问题而生。如果 A 股市场的监管态度趋于回归市场本性，那么更为市场化的股权众筹就更应当采取“监管归政府，运行归市场”，各安其事，简政放权的并行思路。

综观境外先进立法例，美国在出台 JOBS 法案前后，企业获取融资的宽松程度，展示了监管层对小微企业这一特殊阶段的豁免态度。JOBS 法案不仅仅规定股权众筹相关问题，还体现了美国监管层在立法思路上存在对小微企业减轻负担的促进举措，比如在 JOBS 法案颁布前后，初创企业提交证券市场融资的流程得以简化、优化，由原来须提供“3 个财政年度数据”降至“2 个年度”；由披露审计信息的“5 个财政年度”降至“1 个财政年度”；高级管理人员薪酬披露方面，取消了原来“公司需定期召开股东大会就高管薪酬的发放进行表决，并需表决上述会议召开的频率，同时表决是否授予高管人员‘黄金降落伞’①”；对公司会计披露方面，

① 黄金降落伞，是指作为企业的高级管理层，在失去他们原来的工作后，公司从经济上给予其丰厚保障，最早产生在美国。“黄金”意指补偿丰厚，“降落伞”意指高管可规避公司控制权变动带来的冲击而实现平稳过渡。这种让收购者“大出血”的策略，属于反收购的“毒丸计划”之一。其原理可扩大适用到经营者各种原因的退职补偿。而这些补偿包括股票期权、奖金、解雇费等。

取消了初创公司按照“一般公认会计原则”①(Generally Accepted Accounting Principles)进行信息披露的义务,鉴于“一般公认会计原则”标准的复杂性,初创企业的信息披露负担大幅降低。由此可见,整个JOBS法案对初创企业的促进立足于“减轻企业负担,豁免企业义务”的目的。

对股权众筹中的融资行为来说,最为重要的豁免义务在于“免除网上公众小额集资的注册要求”,具体条件包括“初创公司在1年内募集资金小于100万美元”“每位投资人年收入少于10万美元的个人累计投资至多为2000美元或年收入的5%;年收入超过10万美元的个人可将其收入的10%用于投资”“必须通过经纪人或筹资平台进行”,当具备了这些条件,初创企业进行小额融资就可免于在SEC上注册。[61]这样的好处有许多,初创企业融资将更为便利,同时也兼顾了控制发行总量,减少了系统风险,在一定程度上保护了投资人。

从我国实践上来看,我国正在经历一场市场自由与“去政府化”的思潮激荡,抛开其中的政治因素不谈,我们应当始终认清股权众筹的价值取向,只有当监管层立足于市场之内,才可能避免现阶段我国市场不成熟从而引发的各种道德风险与系统风险。监管层在今后一段实践对股权众筹中融资行为的治理态度,大可借鉴国外先进思路,对初创企业进行实在帮促,比如简化初创企业的融资流程、会计披露、财务审计披露、高管情况披露等;减轻

① 一般公认会计原则,又称GAAP会计标准,1937年美国会计程序委员会(CAP)发表第一号会计研究公告,开创了由政府机关或行业组织颁布“一般通用会计”的先例。

其融资负担,豁免其小额项目的审查等。

当然,从股权众筹的核心价值来说,“保护投资人”与“便于初创企业”是两个不可偏废的话题,如果一味降低初创企业的信息披露义务,那么投资人的利益将如何保护;如果一味偏向投资人保护,那么企业将不堪重负,甚至其核心盈利的知识产权、商业秘密等信息也将承受一定压力,相应的保护成本也随之提高。不可否认,在两大核心价值的平衡上,是市场交给任何一个监管层的难题,但这样的难题本身就仅仅只能依靠监管层来完成,而市场自身的自反性不可抱有期望。这些方式方法都代表着在新兴股权众筹融资的模式下,我们国家还需要打开思路,探索“加强监管”与“利于融资”的平衡点,以构建股权众筹法律体系。

4.3 平台行为

从各国立法例来看,未见使用一个整体概念包含全部股权众筹平台所作行为之全貌。平台行为从其词源本身,也不具备成为正式法律词汇的要件,为了论述方便,笔者将但凡股权众筹平台所发生之合意行为、事实行为,都包含在平台行为之中。

4.3.1 哪些平台行为需要规制

股权众筹平台处于投资人与融资人之间,通过配置资源,提供信息,撮合双方完成融资项目,推动企业初创,并以此营利,其行为具有中介的性质。股权众筹平台是股权众筹活动中最重要的因素,它承担着整个信息发布的枢纽作用,在解决信息失灵、保护投资人利益、促进项目融资成功、防范道德风险、规制市场秩序等方面,都有巨大影响,所有证成股权众筹平台主体资格重要性之理论与实践经验,都可以同时成为平台行为需要被规制的正当性论证——毋庸置疑,相比投资行为、融资行为,平台行为更需要处在法律的监管之下。

那么,哪些平台行为需要规制?以我国的规制状况为例,在《管理办法》第8条中规定有股权众筹平台的职责,其中就包括:“(一)勤勉尽责,督促投融资双方依法合规开展众筹融资活动、履行约定义务;(二)对投融资双方进行实名认证,对用户信息的真实性进行必要审核;(三)对融资项目的合法性进行必要审核;(四)采取措施防范欺诈行为,发现欺诈行为或其他损害投资者利益的情形,及时公告并终止相关众筹活动;(五)对募集期资金设立专户管理,证券业协会另有规定的,从其规定;(六)对投融资双方的信息、融资记录及投资者适当性管理等信息及其他相关资料进行妥善保管,保管期限不得少于10年;(七)持续开展众筹融资知识普及和风险教育活动,并与投资者签订投资风险揭示书,确保投资者充分知悉投资风险;(八)按照证券业协会的要求报送股权众筹融资业务信息;(九)保守商业秘密和客户隐私,非因法定原因不得泄露融资者和投资者相关信息;(十)配合相关部门开展反洗钱工作;(十一)证券业协会规定的其他职责。”值得注意的是,虽然该文案只是征求意见稿,但也反映出监管层对规制平台行为的范畴考虑。纵观各国立法体例,对需要规制的平台行为范畴,都包含有尽职调查、信息披露等。规制股权众筹平台行为,需要解决两个问题:一是为何要规制平台行为,二是如何规制上述平台行为,即规制上述平台行为的思路。由于在股权众筹活动中,平台表现出的行为主要包括尽职调查、信息披露、反欺诈、保管与保密，因此第一个问题又可以具体为为何要规制这些行为。

4.3.2 为何要规制平台行为

①为何要规制平台的尽职调查行为

尽职调查是股权众筹平台行为的重点环节，甚至在一定程度上被视为股权众筹的起点。世界各国都在立法上对股权众筹平台要求其进行尽职调查。原因在于：一是股权众筹平台所处之地位，是连接公众投资人与融资发起人的纽带，其能直接获取双方最为直观的信息；二是股权众筹平台作为风险预防成本最小的一方，应当承担相应的风险预防义务；三是股权众筹平台从起点来看，其服务于融资发起人，平台接手项目，启动展示与劝募，平台通常会在项目成功后提取回报，如果不对平台课以尽职调查义务，可能将会出现平台为追求利润回报，散播虚假消息误导投资人、想方设法促成项目的情况，这样不仅无益于解决信息不对称的情形，反而会诱发平台故意隐瞒不利信息的劣性。

②为何要规制平台的信息披露行为

如果说公众投资人与融资发起人之间，面临信任问题，那么平台与投资人之间，也存在信任问题。平台信息披露意义在于：一是通过信息的展示，可以帮助公众选择适合自己投资风格的股权众筹平台；二是在信息的披露基础上，公众投资人能对该平台所展示的项目进行一定程度的了解，比如平台展示募集的成功案例和成功率数据可以对比得出投资人属意的当前项目，是否在该平台上有过类似的成功案例，投资成功概率有多大；三是平台自身信息的披露，是一种对平台的制约监督，只有当平台自身信息置于公众投资人监督之下，才有可能形成公众投资人督促平台，平台监督融资人，最大可能解决信息不对称问题。各国都对股权众筹平台信息披露进行了不同程度的规定，但有一点认识是统一的，即股权众筹平台处于解决公众投资人与融资发起人之间信息不对称的关键地位，如果信息都不能有效披露，那么投资人将如何信任平台，乃至信任在互联网计算机那一端的融资发起人呢？

信息披露的另一个重要作用是风险提示。风险提示指的是股权众筹平台在汇集信息之后，对公众投资人、融资发起人进行初步的风险提示，将风险信息交由双方自行决策。风险提示的作用在于警示风险与教育参与人。各国法律都对股权众筹平台的风险提示行为有着明确规定。当出现项目风险时，股权众筹平台有义务及时对投资人、融资人发出风险提示，以方便其作出下一步行为决策，解决信息失灵问题，实现投资人利益保护，加强对融资项目的监督等作用。

③为何要规制平台的反欺诈行为

欺诈，最早源于古罗马，公元前66年罗马裁判官阿奎利乌斯创造了该词，罗马语为“dolo”，该词最早运用于民法领域，后引入商法领域。商法意义上的欺诈是指任何单位或个人在证券发行、交易及其相关活动中违反法律法规，违背投资者意志，损害投资者利益的行为。对保护投资人而言，反欺诈将比信息披露更为重要。平台反欺诈的主体是股权众筹平台，也就是说，在法律上，赋予了股权众筹平台对融资欺诈行为一定的制止权利。这样的权利表现为当平台监测发现可能存在投资人欺诈或融资人欺诈的时候，平台应当及时停止股权众筹活动，对已托管的资金采取安全措施，以避免进一步侵权事件的发生乃至维权群体事件的爆发。在某种程度上,股权众筹平台履行的反欺诈职责实际上也是信息披露职责的一种延续。

信息披露不实与欺诈的区别在于:信息披露不实可能是故意,也可能是过失,但欺诈则只可能是故意,信息披露不实只要具备了欺诈的故意,也就将转化为欺诈行为。信息披露不实损害的是投资人、融资人双方信任基础,也可能损害的是双方间接利益,但欺诈则必须是损害直接利益。如上文所述的中国股权众筹平台第一案中,“人人投”股权众筹平台履行职责对融资人北京诺米多餐饮管理有限公司的项目情况进行调查与披露,发现融资人存在权属不清、违章修建等问题,于是协助投资人终止了融资项目。在该案中,如果北京诺米多餐饮管理有限公司对信息披露不实存在故意,系以虚构的事实来骗取公众资金,那么则很有可能构成欺诈。披露信息不实带来的可能是民事侵权后果或者监管处理后果,而欺诈带来的是刑事处罚,这一点更为直接地表明,世界各国监管层对反欺诈的态度比反信息披露不实更为严厉。

在区分信息披露不实与欺诈的时候,还应当注意的另一个问题是,资金用途是否依照融资项目计划书中所列,是否存在挪用资金或虚构项目的情况。在实践中,融资发起人发起项目进行招揽资金的行为,必须要以具备真实项目为基础,否则就涉嫌欺诈。比如,实践中打击处理的其他金融诈骗案件,都是以虚构项目骗取资金、挪作他用为要件,而股权众筹面临浩瀚的互联网受众,由于地域的关系,公众投资人不可能对项目是否真实、资金是否被挪用进行及时的调查,股权众筹平台的反欺诈职能就显得非常重要。

平台反欺诈固然是股权众筹平台的职责，但平台会不会也存在欺诈行为呢？如果赋予平台对投资人、融资人之间欺诈行为进行调查的权利，那么谁来对平台行使反欺诈权利呢？

“平台反欺诈”与“反平台欺诈”是两个不同的概念。在两个概念中，股权众筹平台的地位有着本质不同，在“平台反欺诈”中，平台作为反欺诈行为的主体，是履行反击欺诈活动的发起者；在“反平台欺诈”中，平台为反欺诈行为的对象。

毋庸置疑，在一定条件下，股权众筹平台也会陷入利益诱惑之中，特别是在信息披露职责方面，存在明知其信息不实还继续披露，或故意串通融资发起人的可能。由于股权众筹平台所处的信息中介地位，一旦平台发生道德风险，那么投资人对欺诈发生的预控将大大被削弱。如果平台反欺诈是监管层与立法者赋予平台对用户信息进行调查监督的权利，那么对平台自身的欺诈行为进行严厉管控，就是监督“监督者”的应有之义。

④为何要规制平台保管与保密行为

股权众筹平台对参与人的信息、投资记录、融资记录及相关材料具有保管和保密义务，非因法定原因不得泄露投资者或融资者信息。至于对于上述资料的保管时限，世界各国规定不一，有的采5年，有的采7年，也有的采10年。笔者认为，不管是保管还是保密义务，都属于“后协议行为”，即在投融资主协议履行完成后的双方的后续义务问题，类似于商业契约中双方履行终了后仍然在一定时期内负保密义务的条款。

从法律关系的角度理解，保密和保管义务可以是投资人与平台、融资人与平台各自的双方约定条款，那么为什么要法律强行规定平台一定要具备保管年限和保密义务呢？原因在于，基于互联网融资的普惠性,公众可能并不能很好地理解资料保管与保密对其的重要意义,而融资人也可能为了尽可能地获得平台协助而完成融资,屈就于平台基于强势地位而提出的比较薄弱的保管义务与保密义务条款。保管义务与保密义务不仅对投资人、融资人的信息权利至关重要,还对股权众筹中初创阶段的原创知识产权保护有着重要意义。

4.3.3 规制平台行为的思路

①设置利益冲突禁止规范

规制平台行为的重要原则,是通过法律事先拟定一种禁止规范,要求平台不得违反,如果越界,将承担法律后果,这可视为规制平台行为的强力边界,主要用于避免道德风险。源于股权众筹平台所处双方信息中枢的缘由,各国法律对平台行为都设定了一定程度上的禁止规范,这些规范旨在禁止利益冲突。具体而言,包含有禁止股权众筹平台持有或者处理投资者资金、证券,不得向融资人进行投资或在融资人处占有关联利益等。这样的基本法律设置,和传统公司法、金融法中维护市场公平的理念一脉相承。值得注意的是,现实中常常涉及如下三种问题,是否应当被认为是利益冲突行为而被禁止。一是股权众筹平台为自身融资;二是对融资发起人的融资项目提供担保;三是兼营网络借贷业务。

从传统金融法律治理的习惯来说,前两个问题都涉及作为中介方是否可以从事关联行为,过去各国证券市场立法对此的态度都是明确禁止,那么对于互联网金融蓬勃发展的今天,似乎没有必要对这两种问题展开过多讨论,但仔细分析这两个问题的现实存在,可以发现,在屡禁不绝的关联行为中,我国应当更多的关注中介平台利用监管漏洞,规避关联行为。即便是法律条文中禁止中介平台开展关联行为,现实中层出不穷的私下拆借、互融互保,甚至是注册虚假法人进行融资而后转移账户资金都是值得高度关注的问题,特别是股权众筹自身所具备的网络属性,更让这种类似洗钱的活动更为隐蔽。从立法本意上来看,当中介方掌握过多信息,并从事关联行为时,由于人类的趋利本性,很有可能会导致中介方作出损害他方利益而自肥的举动,因此对关联行为及隐蔽行为应及时制止。

禁止中介方为融资项目进行担保,则更多的是考虑到中介方为融资方进行担保将不利于风险的整体控制,如果中介方因为担保法律关系的存在而与融资方站在同一阵营,那么中介方保护公众投资人的职责和义务将存在被削弱的可能,甚至可以预见出现这样的情况:在项目风险出现时,平台为避免自身承担担保责任,将会隐匿真实信息,以牺牲投资人利益为代价来继续推动融资人发起的融资项目。

关于开展网络借贷,笔者认为,这个问题并不是利益冲突的讨论范畴,在网络借贷与股权众筹业务上并没有直接冲突,任何网络借贷都须经过国家监管部门进行审查和批准,股权众筹平台作为互联网金融的一支,会随着业务发展,出现业务多元化的特点,比如过去券商业务从单一中介到多元、传统邮政银行业从单一业务到综合金融投资业务等。禁止股权众筹平台从事网络借贷,应是基于平台具备条件蓄积投资人资金,可能形成资金池,如果允许平台另行从事网络借贷活动,恐会引发挪用资金放贷的风险。在立法方向上,不应当限制未来可能发展的互联网金融多元业务方向，为规避上述情况，使用业务账户分管、投资人资金三方托管、财务专款专用公开等措施，似乎更能解决问题。

在平台行为中禁止利益冲突，还存在禁止平台代持股、禁止平台代投资、禁止平台高管人员及关联人员交易、平台在参与人处拥有利益等，其原理与面临问题都与上述三个典型问题类似，在此不作赘述。

②规制尽职调查行为的思路

平台的调查职责要求平台对公众投资人进行身份调查，对融资发起人所发起之融资项目进行调查。那么问题在于股权众筹平台应当如何对“真实性”“合法性”进行审查呢？

在实践中，股权众筹平台应当对投资人的用户信息真实性进行审查，这是任何一种金融投资方式都必须奉行的通行规则，如果中介方不能保证投资人的真实身份，那么后续撮合双方达成合意的基础将彻底不具备。股权众筹平台在对用户真实性审查时，最大的问题是如何保证用户注册提供信息的真实性，在互联网上，用他人信息造假的情况比比皆是。另外，除了对用户提供信息进行审查外，股权众筹平台是否还应对投资人是否适格进行初步审查？

为保证投资行为的真实有效，股权众筹平台除了对用户注册时提供的证件进行一一审查外，还应当负担更进一步的查明义务，比如在用户注册提供证件时，要做到身份信息与本人相对应，可以借鉴当前各大券商展开的网上开户方式，通过客服与用户进行远程视频连线，审查用户与所提供证件信息是否相符。这样的远程认证方式，不失为克服互联网受众过于广泛的好做法。从另一个层面来说，除了监管层有责任对投资人是否适格进行审查之外,股权众筹平台也应当对此履行职责。对于要求用户进行真实注册的平台流程来说,没有比平台本身更能及时掌控用户信息的。投资人主体资格制度本身就是对投资人设定的“入场门槛”,如果平台作为“融资场地”,都不履行“场地看管和门票验证”,那么投资人主体资格制度将流于形式。

对于融资发起人所发起之融资行为,股权众筹平台应当对其进行审查。这样的审查应当至何种程度呢?股权众筹平台不可能掌握所有行业专业知识,不可能对任何新兴项目进行实质审查,因此笔者赞同对融资项目进行合法性审查,即该项目是否符合国家法律即可,至于项目是否科学、是否具备赢利潜质,应当交给市场去判断。至于市场借以判断的信息如何保证,这是信息披露需要解决的问题,而非尽职调查需要解决的问题。在市场判断中,股权众筹中公众投资人支付对价,如果发现该项目并不能实现预期收益,还需要健全退出机制,使之可以选择“用脚投票”,将该项目踢出局。尽职调查的义务明显不应当过宽,让平台包打天下。

除了投资人信息真实性和融资项目合法性两方面外,股权众筹平台的尽职调查范围还应当包括融资发起人提交的资质、组织结构、经营管理情况、募集资金用途等。比如,加拿大还要求股权众筹平台对融资发起人的董事、高管和实际控制人进行背景调查,以确保项目的合法性。当然,也可以把这些调查内容纳入对融资项目的合法性审查之中。这就要求股权众筹平台的审查人员具备一定的法律知识,对政策法律法规相对熟悉,特别是常见的知识产权、新闻出版、企业生产、化工易爆等实体企业所对应的法律法规,否则对项目进行合法性审查将成为空谈。

③规制信息披露行为的思路

信息披露行为包含两个方面，一是平台自身信息的披露，二是平台之上项目信息的披露。在项目信息的披露中，以风险信息披露为首。

对于需要平台自身披露的信息，从争取公众信任的角度出发，应当包括平台注册资本、从事业务类型、管理制度及人员、向监管层备案或注册情况、符合规定的审计情况、互联网平台的 ICP 备案情况等。

股权众筹平台对融资项目的信息披露是整个股权众筹活动的核心，如果没有平台对融资项目或企业进行展示，任何劝募活动将无从谈起。因此对股权众筹平台如何进行项目信息披露，世界各国都作出了比较严谨的规定，特别是市场经济比较发达的美国、英国、日本等，对于股权众筹平台上项目信息披露作出了详细规定，概括起来包括融资项目的详细情况、融资用途、运作方式、盈利模式、企业前景、公司运作结构、管制制度、监督权行使、预期股权分配，以及最重要的项目风险程度。

在行为方式上，世界各国都倾向于不得向非实名或非认证用户进行项目展示或信息输送，以及禁止不合规、不道德的劝募、诱募行为。从实践上来看，确实存在平台与融资人串通掩盖真实信息，诱导投资人出资的情况。这样的局面是投资人保护机制不健全的表现，因此，笔者认为，在未来对股权众筹平台行为进行规制的立法中，必须立足严格管控平台信息的角度，要求平台对项目信息进行真实完整披露，但凡经过平台发布的信息，基于第三人的善意，应当认定平台与融资发起人对信息共同负责。

同时，从风险信息披露的阶段上看，风险提示通常出现在募资前、募资中、募资后三个阶段,各阶段的风险提示内容有所不同。在募资前,平台应当对展示项目的风险进行一个预判,并将该风险与收益的真实情况向投资人发送,基于投资人并非都是金融投资专业人士,因此在募资开始之前的平台风险提示,将会成为对投资人很好的指引,力求通俗易懂。募资中的风险提示,是基于融资过程中、项目运作时出现的风险信息披露,实际上也属于信息披露与项目监督的范畴。比如,在前文述及的"中国股权众筹第一案"中,平台在项目运作过程中,就及时向投资人发出了风险提示,投资人借此提示作出风险判断,然后深入现场进行调查,行使了监督权。募资后的风险提示,实际上应当视作对募资后对初创企业持股风险的提示,在这一阶段,由于募资已经实现阶段性完成,投资人开始逐步成为初创公司的股东,公司法的规范已经逐渐介入,平台对融资人的提示义务相应减弱,在规制信息披露行为方面,也应该进行一定程度的调整。

从风险信息的披露形式上看,股权众筹平台对参与人的风险提示形式多样,有风险告知书、网页提示、公开声明、投资人手册等,国外经验做法中比较普遍的是,在立法中要求股权众筹平台须在主页上以显著位置,向投资人告知拟投项目的风险。比如,新西兰的股权众筹监管细则里,要求平台须在投资人申请投资前,获得投资人已经知悉风险情况的确认书回执。基于股权众筹是一种互联网金融行为,我国未来对平台行为的立法完善路径,可以着重强调在平台主页或投资人申请页面上显著位置对参与人进行风险提示。另外,确保参与人知悉风险的回执回收方式,也值得借鉴。

④规制反欺诈行为的思路

欺诈行为是所有金融市场的头敌，从直接危害来说，它造成的是投资人与融资人财产损失；从间接危害来说，它损害的是金融市场秩序与信任基础。平台反欺诈对以大众投资为基础的股权众筹活动来说，更为重要。

行为人之所以作出欺诈行为，是基于成本与收益的考量。任何交易行为都会存在预期成本与预期收益问题，只要预期收益大于预估成本，行为人就会积极参与投资，而当预估成本大于预期收益时，行为人投资积极性就将受到抑制。股权众筹互动中出现欺诈行为，也是缘于行为人会因欺诈行为而获得更大的预期收益，这种预期收益远远大于其预估成本，也大于其通过正常行为所获得的收益。

在股权众筹中，欺诈的产生是一个比较复杂的过程，该过程不仅与行为人主观方面有关，还包含行为人在客观方面为作出欺诈而投入的时间与精力，甚至一定量的资本，这些都是行为人欺诈所须考量的成本。当然，欺诈行为的成本考量，还必须引入欺诈被惩罚概率。

现实的问题是，互联网的存在使双方当事人的信任基础与传统金融市场相去甚远，并且在预估成本与预期收益的差值对比上，欺诈行为的时间成本、机会成本、被惩罚概率更低。反欺诈不仅仅是监管层要关注的重点，从反欺诈的效果来看，赋予股权众筹平台一定反欺诈的手段与权利，是提高欺诈实施成本、抑制欺诈预期利益的良好举措。

特别要注意的是，在股权众筹中，许多国家设立了豁免制度，小额融资不需要监管层直接审批或注册，这也使欺诈行为减小了机会成本。因此,在立法上,将这部分监管权力转换成了股权众筹平台的职责。比如,在美国《证券法》第4A条(a)(5)款和JOBS法案第302条(b)款中,立法者与监管层就明确要求股权众筹平台必须采取相关措施,开展反欺诈活动,以减少欺诈率;在美国证券交易委员会(以下简称SEC)《众筹条例》建议搞(以下简称《ESC建议稿》)第503条中规定,股权众筹平台经尽职调查与信息披露,一旦有理由认定行为人存在潜在的欺诈行为,则应当立即拒绝为行为人提供服务,即便融资活动已经开始,也应当及时移除并作出相应退还补救措施。股权众筹平台反欺诈职责将其尽职调查的范围进行了扩大,不仅是针对当事人进行尽职调查,对于行为人的关联方、利益方都应当进行调查,因为欺诈行为的发生,往往不是孤立的行为人违规。通过利益关联掩护的欺诈行为,更具隐蔽性、危害性,值得股权众筹平台高度重视。

从上述分析中可以看出,对股权众筹平台反欺诈职责的重视,应当提到足够的程度,不管是世界各国的先进立法例,还是基于行为成本分析,都可以作为我国未来完善股权众筹平台行为立法体系的启示,未来的立法方向将立足于强化股权众筹平台反欺诈职责,将反欺诈的法律阵线抵近市场前沿,只有这样才可能最大程度地提高欺诈行为的成本,抑制其收益,从而抑制其行为,预防因侵权引发的社会不稳定事件。

又如,英国《防止欺诈与伪证法》规定:“明知道其所作交易承诺或者预测不实,或者故意隐匿重要事实或者做不实陈述诱使他人从事证券交易的,可以处7年以下有期徒刑”;1933年美国《证券法》规定:“如果经纪人诱骗投资者买卖没有足够抵御风险能力的证券或者不需要购买的证券或者无从了解具有风险性质证券,造成严重后果的,可对行为人判处 5 年以下有期徒刑以及 10 万美元至 50 万美元的罚款”;韩国《证券交易法》第 105 条规定:“禁止为取得不正当利益,故意散布虚拟行情、不真实情况、其他谣言或故意欺骗的行为;禁止通过提供虚假事实等手段,诱骗他人作出错误判断;对于上述违反行为将处 3 年以下监禁和 2000 万韩元以下罚金。”从国外立法情况我们可以看出,监管层对待平台自身的欺诈,远远比平台履行职责去反击的欺诈行为更为严厉,这也是由于平台自身处在信息传递中枢的关键位置所致。

在《管理办法》第 9 条中明确将“利用平台自身优势获取投资机会或误导投资者”列为“禁止行为”,而第 8 条中要求股权众筹平台“采取措施防范欺诈行为,发现欺诈行为或者其他损害投资者利益的情形,及时公告并终止相关众筹活动”。从对比我国监管层目前对待股权众筹平台反欺诈与反平台欺诈两种行为的态度来看,我国仍然未能在思路上将股权众筹平台的欺诈行为上升为更为严厉的监管目标,或者说并未上升至与平台反欺诈行为同等的监管目标。在未来的立法思路上,应当将如何做到监督“监督者”,制定“利用平台自身优势获取投资机会或误导投资者”的认定细则,将反平台欺诈与刑事处罚平顺衔接作为改善方向。

⑤规制保管与保密行为的思路

在今后的完善思路中,对保密与保管义务的年限规定,可以采取由监管层制定“底线年限”的做法,即立法者或监管层制定最低义务年限作为指引,平台和双方在中介服务协议中约定的保管与保密年限不得低于法律要求最低年限,至于对双方另有需求的,如创意保护、商业秘密保护、知识产权保护等,可以根据实际情况在最低年限之上,约定更高的保管与保密年限。

5 我国股权众筹法律规制的问题分析

5.1 合法性问题

中国股权众筹尚处于发展初级阶段，首先面临的问题是新生事物与现行法律的冲突和不适。股权众筹的合法性地位，在经历了很长时间遮遮掩掩地探索后，终于得以用明文形式确定，十部委联合下发的具有互联网金融基本法性质的《指导意见》中明确定义股权众筹为一种公开融资行为："股权众筹融资主要是指通过互联网形式进行公开小额股权融资的活动"，[62]这当然是一大进步。但仅仅依靠《指导意见》对股权众筹进行定性仍然不够，其在我国面临的合法性问题仍然尚待解决。

根据我国现行法律，《证券法》第10条规定："公开发行证券，必须符合法律、行政法规规定的条件，并依法报经国务院证券监督管理机构或者国务院授权的部门核准；未经依法核准，任何单位和个人不得公开发行证券。"同时，认定"公开发行"的标准为："(一)向不特定对象发行证券的；(二)向特定对象发行证券累计超过二百人的；(三)法律、行政法规规定的其他发行行为。"不论是从《指导意见》的定义，还是股权众筹的自身属性来看，显然无法将股权众筹描述为“非公开发行”，那么股权众筹的“公开发行”是否要经过“国务院证券监督管理机构或者国务院授权的部门核准”，以及核准条件、核准程序等，都尚待进一步法律明确。

由于上述法律未明确部分的存在，让股权众筹公开发行行为处于尴尬之地。早在2010年，最高人民法院《关于审理非法集资刑事案件具体应用法律若干问题的解释》中明确规定：“未经国家有关主管部门批准，向社会不特定对象发行、以转让股权等方式变相发行股票或者公司、企业债券，或者向特定对象发行、变相发行股票或者公司、企业债券累计超过200人的，应当认定为刑法第一百七十九条规定的‘擅自发行股票、公司、企业债券’。”在股权众筹中，融资发起人募集资金许以公司股权为回报，为了规避上述200人限制而使用代持、合伙等方法向实名认证用户募集，这样的做法有规避法律之嫌，也存在被认定系“变相公开募集”行为之可能。通过一系列的实名认证，将部分具备某种条件资质的用户认定为特定用户，进而向其募集资金，这一做法能否进行“不特定”向“特定”的转化，目前理论界意见不一。[63]在实践中，这一转化做法的弊端更为明显，众筹平台往往通过一些流于形式的方法对用户进行认证，实则根本没有办法对用户进行投资人合格认证，后续对投资人的保护更无从谈起。另外，如果平台无法打好“擦边球”，躲避法律红线，那么平台将可能触及“擅自发行股票，公司、企业债券罪”“非法吸收公众存款罪”等罪名，按照我国先刑事后民事的程序，一旦股权众筹平台被追究刑事责任，公众投资人的利益将受到极大威胁，能否顺利尽快追偿将成为未知数。这一特殊现象反映出当前股权众筹迅猛发展势头已经在倒逼法律调整，以完善其立法定位。

5.2 人数上限问题

当前我国股权众筹人数上限问题的两个层次在于:一是现行监管思路中的股权众筹人数上限设定是否能够满足股权众筹的市场需求?二是股权众筹的人数上限应当如何与当前《公司法》中两种公司形式相匹配和适应?

从股权众筹本身的设计来说,股权众筹所能接纳投资人人数,反映出监管层对股权众筹的宽严态度。之前被广泛讨论的《管理办法》第12条表达了监管层的态度:“融资完成后,融资者或融资者发起设立的融资企业的股东人数累计不得超过200人。”我国监管层在股权众筹的参与人数考虑上,仍然抱有非常谨慎态度,一是出于对现行《公司法》的衔接,二是出于对现行《证券法》公开发行红线的衔接,三是出于对互联网受众广泛风险不易管控的考虑。

但200人的通用门槛是否就真的符合股权众筹的制度设计与国情实际?随着我国综合国力的不断增强,劳动群众可支配收入增多,我国投资人对投资的需求日益增加,而面对高精度、复杂的精英金融领域,我国投资人实在难以全面参与其中,随着理财理念、金融知识的宣传普及,互联网金融能带给投资人更为多元的投资渠道,真正实现草根金融、金融普惠。面对每天以万亿为单位计量的互联网用户,其中参与股权众筹的可能人数将远远超出200人门槛。在附录的调查问卷中,笔者有意对投资市场的群众基础进行了问题设计——“你认为在过去的12个月里,中国经济与投资市场怎么样”,选择“(1)持乐观态度,看好”的比例为

5%，选择“（2）看好但目前不明朗”的比例为61%，选择“（3）不看好”的比例为15%，选择“（4）不清楚”的比例为19%。[①] 从数据上来看，受访者对中国投资整体上是看好趋向，选择（1）和（2）的受访者比例合计66%。在投资风向看好的环境下，过窄过严的参与人数上限，明显无法适应当前互联网金融投资市场的巨大体量，也和股权众筹大众投资的核心价值相背离。另外，从风险的控制来说，在一定范围内，更大的投资人基数，反而更有利于分散同一项目的亏损风险。大众参与才能更符合股权众筹的设计初衷与核心价值，但并不是说股权众筹的参与人数就应当信马由缰，我国的股权众筹还处于初级阶段，不能出脱监管层的治理而全盘交给政府。即便是金融市场发达的美国，也只是在JOBS法案中将人数从原来的500人提升至2000人。目前我国存在的问题是，对股权众筹的参与人数限制过低，很难适应股权众筹市场的发展。

问题的第二个层次在于现行《公司法》规定的公司形式决定了股东数量，而股东人数上限与股权众筹的投资人人数上限存在冲突。股权众筹的最终目的是成立营业公司，根据我国《公司法》规定，有限责任公司由50人以下股东出资设立；股份有限公司则由2人以上200人以下股东出资设立。如果是从现行《公司法》的相关要求来看，股权众筹目前面临的“200人门槛”也与现行《公司法》关于股份公司200人股东数量相匹配，但股权众筹筹资后成立的，是否一定必须是股份有限公司形式？可否采取有限责任公司形式？

---

① 参见附录。

股权众筹的融资发起人往往是初创企业，这样的企业在正式、传统的银行金融渠道面临融资难、贷款难，因此转而将募集资金的渠道转向互联网金融。鼓励初创和小型企业，正是股权众筹的又一核心价值所在与制度构建的出发点。比较我国《公司法》中的两种公司形式，有限责任公司无疑更适合初创、小型的企业，然而，如果融资发起人是设立有限责任公司，那么将面临投资人，即股东不能超过50人的《公司法》限制，同时还面临不能发行股票的限制，在互联网的开放环境下，50人的上限将轻而易举被打破，有限责任公司这种适合初创、小型企业的公司模式几乎没有存在的价值，而实践中，融资人和平台往往要想尽办法回避限制条件，这不仅增添了负担和成本，还存在更深层次的法律风险。

另外，考虑到有限责任公司50人股东上限过于苛刻，在现行《公司法》框架下融资发起人还可以采用股份有限公司形式，但这依然存在200人股东人数上限的法律规定。正如上文论及，200人的人数上限，依然很难满足当前股权众筹投资人的参与需求。

囿于当前人数限制，股权众筹平台不断变换手法，利用诸如代持股、成立有限合伙等方式来回避"人数上限"的现象时有发生，这样的变相规避，明显是法律规制与市场发展不相适应而催生的矛盾局面，[①]这一局面有待下一步完善股权众筹法律规制来解决。

① 樊云慧教授在其调查研究中发现，我国目前有的众筹网站使用"有限合伙企业"这种方式作为发行公司和投资者之间的桥梁，其通常运作模式是意欲投资初创企业的投资者首先成立一个有限合伙企业，然后再以这个有限合伙企业的名义持有发行公司的股权，这样就避免了有限责任公司股东不得超过50人的上限规定。

5.3　平台准入与监管问题

股权众筹平台被定义为通过互联网平台为股权众筹融资投资双方提供信息发布、需求对接、协助资金划转等相关服务的中介机构。从上述主体规制、行为规制的分析路径来看，股权众筹平台的重要性远远超出一般金融服务中介机构，其准入问题与监管问题就成为控制市场风险、化解社会矛盾的核心问题。然而，我国目前尚未建立起成体系、完整的平台准入与监管制度，前期监管层出台的一些文件与发言，也仅仅是对平台的准入与监管有一个初步的概念。

这几年的股权众筹发展，几乎处于自由野蛮生长状态。众所周知，在我国从事证券业务，须经过证券监管部门批准，股权众筹作为带有证券发行性质的新兴商业行为，是否能够达到自行调适、无须监管部门批准的条件呢？从实践中来看，我国股权众筹自由无序生长的根本原因恰恰是设立规则、准入规则的缺位。市场上从事股权众筹的主体无须达到一定资质，只需要符合开办网络公司的条件即可以设立平台开展股权众筹业务，股权众筹平台的形式也是五花八门，既有大型电商平台设立的平台，也有公司自建平台，还有微信、微博、QQ 空间等移动社交平台。这些五花八门的平台鱼龙混杂，监管起来存在一定难度，投资人利益根本无法充分保护。

由于股权众筹平台的重要性与特殊性，我国不应当将其设立规则设计得过于粗糙，而应当采用严格、谨慎准入更为适宜。具体如何准入，或者说平台应当具备什么样的条件，我国当前尚没有一个科学的法律建构。虽然《管理办法》曾提到各种平台准入条件,却引起广泛争议:平台既然是中介服务,要求其准入的净资产不低于500万元是否过高;要求平台具备3年以上金融或者信息技术行业从业经历的高级管理人员不少于2人,那么如何认定这样的从业资格、谁来认定,这些都是尚待解决的问题。

此外,平台的监管问题也亟须构建完善的法律规制体系。虽然证监会出台了一系列意见,并且开展了规模浩大的整治检查活动,但当前股权众筹市场的监管力度依然十分薄弱,缺乏系统的法律规制构建,监管活动无疑处于“头痛医头,脚痛医脚”的局面。从保护投资人资金的角度出发,当前监管层对股权众筹平台资金的监管处于无力状态,既没有强有力的执法依据,也没有统一的资金运作管理的指导办法,造成当前市面上的股权众筹平台在募集投资人资金后,有的采用第三方托管,有的自行持有,无形中增大了投资人资金风险系数。投资人向平台注入资金,在募集期内资金会被视为认购金额而冻结,之后通过平台划入融资发起人账户。在这一过程中平台的信义义务将显得特别重要,其对资金的汇集管理将直接影响投资人认购资金账户的安全问题,国外先进经验无一例外地采用了将平台认购资金进行第三方托管的方式,以降低平台挪用的风险,而我国目前尚未对平台第三方托管的方式进行立法规范;投资人保护的问题,还须与平台诚信义务相关联,禁止平台欺诈与误导劝募,这有赖于详细的平台行为规范出台。从平台行为上来看,最应当严格打击的“利用平台自身优势获取投资机会或误导投资者”却没有进一步细分的认定办法;另外,当前的规制体系下,股权众筹平台对于融资方、投资方的资料保管期限过短也被人诟病,这些资料谁可查阅、如何查阅,以及涉及的商业机密、知识产权问题等都有待进一步解决。

5.4 投资人保护问题

探讨我国股权众筹市场中的公众投资人保护问题，首先需要摸清我国股权众筹的公众投资人的情况，包括经验、专业知识、风险控制等，在了解了这些基本要素的基础之上，再反观目前我国股权众筹规制措施对于投资人的保护，是否相匹配。在附录一项调查中，可以初步刻画投资人的一些情况，比如投资人的专业知识情况——第七个问题“你是否在你投资的领域具备专业知识”，选择“(1)是的”的比例为28%，选择“(2)不是的”的比例为58%，选择“(3)有时候是的”的比例为13%，从数据上看，公众投资人在投资领域具备的专业知识偏弱。

又如，公众投资人对风险比例的控制能力——第二十个问题“你愿意为一项股权投资支付多大比例的代价”，选择“(1)较大比例，将我投资预算的大部分用于长线投资”的比例为13%，选择“(2)普通比例，在投资预算中分配一半左右作该类投资”的比例为36%，选择“(3)一小部分我所能支配的投资预算”的比例为7%，选择“(4)没有考虑过投资比例的问题”的比例为44%。从数据上来看，选项(4)的比例最大，受访者中很大一部分是没有考虑投资比例问题的；另外，值得注意的是，有36%的受访者选择了一半的比例用于投资。

再如，投资人对项目的判断能力——第二十一个问题“你过去投资的经验中，用多长时间对项目进行考察”，选择“(1)少于24小时”的比例为38%，选择“(2)大于3天”的比例为23%，选择“(3)大于半月”的比例为12%，选择“(4)大于半年”的比例为27%。从数据上来看，受访者对项目的考察力度明显偏弱。[①]

包括以上三个问题在内的全部调查数据对受访者的刻画表明：受访者通过网络投资成为某公司股东的意愿偏弱；受访者作为投资人，换位处于融资人角度去思考融资风险的积极性非常弱；受访者介入项目直接运作的积极性偏弱；更多的受访者倾向于及时获利，而对于长期的股权分红期待性偏弱；从后面更为直接的问题上来看，受访者对“股权众筹”的了解程度一般；互联网金融投资，明显在受访者心中接受度较低；受访者并不具备太多经商经验；中国公众投资人并没有对预期股权的投资具有很充足的经验认识，造成这一现象的原因比较多样；公众投资人在投资领域具备的专业知识偏弱。受访者并没有处于盲目自信的经验认知中，但对过去自身经验的依赖仍然占有较大比例而不可忽视；受访者中很大一部分是没有考虑投资比例问题的；受访者对项目的考察力度明显偏弱；受访者对项目监督的积极性，已经具备一定水平；受访者参与公司决策的积极性偏弱；受访者没有集中在最富有冒险精神的第一级别或最为保守的第五级别，但集中度最高的第二级却明显表现出中国投资人对投资活动仍然富有进取思想，在平均数(第三级)之上；受访者尚未处于轻信的地步，集中度最高的第四级别、第三级别反映出受访者对他人信息的信赖仍然保有谨慎态度。国外发达国家的成熟投资人制度，须考量投资人具备一定专业技能，而在上述问卷中，受访者具有一定的

① 详见附录。

专业股权计算能力。[①]

中国公众投资人似乎并没有对股权众筹等互联网金融具备相当程度的成熟认知,并不能熟练驾驭这类金融工具。投资人的这一状态是每个市场发展的必经流程,从不成熟驾驭走向成熟驾驭,是一个市场环境、法律建构相互反馈、相互融合的过程,具备阶段性。如果说中国投资人目前还处于不十分成熟的阶段,那么随之而来的问题在于,我们当前的股权众筹法律规制体系是否充分地保护了这一市场阶段中弱小的投资人呢?

从上文分析可以看出,对公众投资人的规制保护,须从主体资格和行为规制两个方面进行。首先考量的是我国目前股权众筹规制体系对公众投资人的主体资格规制,即准入制度、资格制度。目前,监管层要求股权众筹中的公众投资人必须是实名注册的用户,也应当是具备一定准入条件的投资人,至于股权众筹投资人准入制度在我国应当细分为什么样的条件,目前尚未定论。可以明确的是,该准入制度应当采用“财力认证”+“经历认证”的方式,对投资者进行认证准入,从而降低未知风险。我国当前对投资者应当具备的财力水平并没有一个科学认定标准,之前广泛讨论的“个人不低于300万元或最近三年个人年均收入不低于50万元”“单位不低于1000万元”的设置门槛,是否过高?股权众筹是草根金融,而非精英金融,过高的门槛将会将广大潜在的公众投资人拒之门外,而失去股权众筹广泛参与的根本意义。此外,要求投资人“除能提供相关财产、收入证明外,还应当能辨识、判断和承担相应投资风险”也存在如何计量与认定的问题,如何才

---

① 详见附录。

是“能辨识、判断风险”，是通过投资次数、问卷反馈，还是通过平台主动调查，这些问题都有待进一步探讨。

在行为规制方面，我们可以看到，为了控制风险，国外大抵都采用了“投资行为限制”的方式。我国当前的股权众筹法律规制，对于单个融资项目的最低限额应当订立于何种位置、投资人的投资总量限额应当订立于何种位置、一定时期内投资人的参投项目数量等都没有作出很好的回应。是采取单一制限制，还是混合制限制，也没有具体定论。在下一步股权众筹法律规制的构建中，这些都将是需要考虑的核心环节。

5.5 融资人规制问题

我国股权众筹中的融资发起人，应当如何规制？从上文的讨论来看，融资人应当具备初创属性，即“初始、创新”两大要件。股权众筹的应有之义，本来就包含鼓励“初创”，初创属性的确立正是在立法上对其提供一系列便利或者豁免权利的前提条件。然而，我国关于融资发起人的探讨，还停留在“中小微企业”的认识上，显然，“中小微企业”并不必然具备“初创性”。正是对股权众筹融资发起人的“初创性”认识不足，才导致在对融资发起人的相关义务建构中，未能很好地实现“权利与义务相当”。

既然股权众筹的融资发起人应当具备“初创”的属性，那么从鼓励创新的角度出发，对其信息披露的义务就应当有所规范，既不能过重，又不能流于形式。在融资发起人的信息披露行为上，我国目前尚没有一套科学体系，而融资发起人的披露规则，对于投资人来说至关重要。现实中，存在一些中小微企业公司治理机制不健全,给监管层、股东、银行各一张报表的现象。如何解决信息不对称问题,仍须进一步细化。另外,既然融资发起人是需要得到扶持、鼓励的初创企业,那么对于其信息披露规则,应当设定哪个程度,才既不增加其成本负担,又有利于保护投资人?国外的股权众筹小额融资豁免及豁免型小公司的做法,对我国是否有参考借鉴价值?对于这一系列问题,当前股权众筹的监管机制并没有很好的回应。

在融资发起人的禁止行为中,我国目前也存在一些比较笼统的认识,比如要求融资者禁止欺诈发行,那么,在股权众筹中,如何认定欺诈发行就须进一步探讨,甚至须与《证券法》《刑法》及相关司法解释进行对接。然而,根据现实中存在的情况,融资者禁止行为往往因为违规成本极低而屡禁不绝,"先行预防"就成为一个重要概念。根据国外经验,对融资者违规行为的"先行预防",有的采用保证金方式,有的采用购买忠诚保险方式,有的采用其他担保方式,一旦发生违规风险,投资人将会在第一时间获得先行赔付,以最大程度减少结构性损失。和世界金融先进国家相比,我国在这方面的法律建构还有待进一步完善。另外,随着融资市场的不断扩大,发起人的诚信机制在股权众筹法律规制中将显得越来越重要。在发起的项目公司中,融资发起人往往处于项目大股东的地位,其是否能公平、公正的保护小股东利益,不能仅仅依赖道德约束,还须建立法律上的诚信机制,我国尚未足够重视这一部分的股权众筹法律规制的构建。

5.6 退出转让与纠纷解决机制问题

我国股权众筹处于起步阶段,在此阶段所要面临的各种问题均存在一定隐性特征,特别是一些初创项目的发起,在当下可能存在短期利益的凸显,但在未来一段时间内,却具备不可避免的风险。与以往各种金融投资工具不同的是,我国的股权众筹尚没有一个健全的退出转让机制,在募集阶段,投资人一旦坐上了网络投资的火车,想要全身而退就只能等待下一轮融资或等待股权期待转化为实体股权而行使转让权利,在这一过程中将无法避免未知风险。诚然,也有网络平台在融资发起人成立公司回报以股权之前,允许投资人撤资,但相关撤资的规定比较苛刻,由于缺乏面对面的沟通与资金管理掣肘,平台往往对投资人的撤资要求及原因并不重视。

当股权众筹募集到初步资金进入企业成立环节时,融资发起人依股份比例成立企业,向投资人兑现股权回报,这样的回报要多长时间才能转化为投资人的实在利润?一项初创的项目往往要经过长时间的孵化与运作才能在市场上显现成果,当前处于初级阶段的股权众筹法律建构,能否保证未来可能出现的纠纷顺利解决。股权众筹如此庞大的受众与项目数量,在 3 ~ 5 年后爆发对初创企业自反式的纠纷,如果仅仅是适用传统《公司法》中关于股东权利的保护条款,是否足够防范大规模社会维权事件的发生?答案无疑是否定的。

6　我国股权众筹法律规制的完善方案

截至笔者行文之时，我国“股权众筹管理实施办法”仍然悬而未决，处于监管层讨论之中。囿于种种原因及利益平衡，即便该办法颁布，其实施也将面临现实市场中的诸多问题，我国股权众筹及法律规制的发展任重道远。

鉴于上文已然详细阐述了股权众筹中的理论基础、主体规制问题、行为规制问题，并辅以域外金融先进经验的扬弃和国内一项广泛问卷调查，笔者有充分理由认为我国“股权众筹管理实施办法”须在如下几个方面对市场秩序进行治理，并且下述建议也将会在该办法正式成文后对市场的反思起到启迪作用。

6.1　进一步明确合法合规地位

此处的合法性并不仅仅指通过“十部委指导意见”等文件明确股权众筹可以在我国合法存在，更是指需要调整一系列法律及司法解释，为股权众筹的发展扫清滞后观念的障碍。为了实现这一目标，可以选择的方式有两种：第一种是修改刑法等法律及司法解释，延展刑法“谦抑性”原则，排除向不特定人发行股票和特定人200人上限的红线限制。第二种是给予股权众筹特殊授权,在证券法的框架之下,认定股权众筹是一种特殊的证券发行方式,在得到国务院有关部门授权许可的前提下,可以通过互联网向公众公开发行股票。这两种方式的优劣在于,第一种从根本上解决问题,但法律调整成本过大,风险较大,与我国长期的监管思维出入太大;第二种是在现行框架下进行调整,成本小,动作小。两种方法的目标一致,都是使股权众筹不再受限于200人上限。笔者认为,我国股权众筹一度困于特定对象200人门槛及非法集资的红线局面,虽然监管层已经明确股权众筹系公开募集行为,但后续仍然需要放开特定对象200人门槛及非法集资的红线,否则股权众筹之“众”将继续有名无实,其金融普惠价值仍然被大大压缩。在现阶段无法全部调整相应法律的情况下,可以适当对符合条件和资质的股权众筹平台进行授权,允许其从事证券中介服务活动,这也就避免了认定为“非法从事证券活动”“擅自公开发行股票”的问题。但最终过于老旧的非法证券活动的人数上限,也将受到互联网时代的冲击,打破这种格局,才是互联网金融万众创投的意义所在。

6.2 解决股东人数上限匹配问题

一旦放开200人门槛及非法集资红线,是否会造成风险的不可控?传统的风险控制观念认为,公司信息披露成本将会随着股东增加而增大,但互联网金融的普及使这一现象大为减轻,股东人数在理论上存在无限扩大的可能。可是在国外先进经验里,并没有发现这样的做法，世界各国的通行做法是：不可不对投资人人数设立上限。JOBS 法案及 SEC 管理新规博弈的结果也无非将股权众筹的人数上调至 2000 人，而我国目前的 200 人人数上限，明显无法满足广大互联网投资人需求，鉴于我国尚处于起步阶段，故在 500～1000 人的范围内取定量值比较适当。

可是问题随之而来，股权众筹的投资人数上限提高后，如何与现行《公司法》的两种公司形式相匹配，我国有限责任公司股东上限 50 人，股份有限公司股东上限为 200 人。股权众筹投资人数 500～1000 人的体量，如何不与现行法律规定的公司形式相矛盾？我国是否需要像澳大利亚那样，创立一种新的豁免型公司形式？答案是否定的。原因在于从立法成本来讲，对我国当前的公司制度来说，创设新的公司形式容易造成混乱，也并不是科学的最优解决方案。加之，从附录调查中可以看到，当前我国的受众（投资人）对股权众筹等投资行为的倾向更多是获取红利，只有部分倾向是持股，也就是说，就中国当前的投资市场现状而言，广大网络投资人更多的是带有“投机获利”的心态，而项目本身的长远发展，并不是其考虑的首要要素。在这种情况下，我国监管层需要考虑规制的重心和澳大利亚并不相同。

首先，需要解决公司形式的问题，即到底采哪一种公司形式来匹配股权众筹中募集而成的初创企业。有限责任公司形式无疑比股份有限公司形式更适合初创企业，但有限责任公司形式的股东人数上限却只有 50 人。200 人上限尚不能满足广大互联网投资人的需求，何况区区 50 人？有鉴于此，我国有学者提出通过股权众筹进行募集成立的公司必须是股份有限公司，或者募集成功后必须转化为股份有限公司，原因在于我国对有限责任公司和股份有限公司的监管虽然不同，但并没有对股份有限公司课以过重的责任，而且新公司法还取消了两种公司的最低注册资本限制，股份有限公司形式的认定更有助于保护募集成功后的大众投资人。[64]笔者对这种观点持赞同态度。

其次，虽然公司形式得以确定，但股份有限公司股东人数仍然以200人为上限，这是否又将成为股权众筹发展中的另一红线？值得注意的是，此处的200人人数上限，是与《公司法》中股份有限公司股东人数上限的不匹配，而不再是涉嫌向特定对象200人非法发行股票行为的禁区。两者不同之处有如天壤，一者是在民商事范畴讨论的议题，一者是刑法范畴讨论的议题。前者是解决公司股东人数问题，是平等主体之间的问题；后者是解决罪与非罪、是否违法的问题。上述方案已经在刑法范畴内打破了股权众筹向特定对象200人上限发行股票构成犯罪的问题，股权众筹募集成立公司的投资人人数不再与刑法范畴的200人红线相捆绑，在下一步的规制构建中，着力解决的将是如何匹配公司法股份有限公司200人股东上限的民商事范畴问题。

从上述分析中可以看出，200人的投资人上限，明显不能适应万亿级的互联网金融市场，对股权众筹的未来发展也是一种桎梏。据2016年股权众筹行业的不完全统计，在互联网公开进行募集的项目中，200人以下的股权众筹平台用户关注占比不到30%，①一个好的项目一经上线展示，就受到庞大数量的用户关

① E投资数据：2016年互联网金融股权众筹发展报告。

注。那么是否就意味着我们需要完全打破股份有限公司的人数上限,将股权众筹的募集公司的投资人人数推向无限化呢?考量世界各国的通行做法,无一例外都对股权众筹投资人人数设立了上限,区别无非在于金融监管法律规制发达的国家人数上限较高。即便是美国,也只是调高人数为2000人。

那么,如何调和股份有限公司形式的200人股东限制,与股权众筹募集成立公司的投资人超出200人的上限问题呢?可以考虑采取的方法有一种,是直接修订《公司法》,将《公司法》中的股份有限公司股东人数与股权众筹募集公司的投资人上限进行对接。这种方法相当于打破原有股份有限公司股东上限,将股份有限公司形式向上市公司靠拢,随之而来要调整的问题难以计量,这无疑使立法成本过高,容易造成权利义务的混乱。笔者发现实践中股权众筹平台在遇到人数超出200人的投资项目时,采用了成立有限合伙或将投资人集结成为公司,以公司法人形式成为募集公司的股东,即间接持股。在刑法范畴讨论200人上限的议题下,这一做法存在法律风险,可能会被认定为“变相发行”而入刑。但基于上文方案,股权众筹向不特定人发行或特定200人以上发行股票触及刑法红线的局面已经不复存在。“变相发行”既然不存在,那么当前市场上实践而来的解决投资人人数超过200人的方法就有一定可行性,而公司法人对公司持股本来就符合现行《公司法》规定。

最后,如果允许法人持股,是否就意味着投资人人数可以通过多次的法人间接持股而无限扩大,无法被规制?笔者认为,限制股权众筹投资人人数,非但不是权利的剥夺,反而是对投资人利益的保护,这也是世界各国通行做法。这个问题可以通过监管审查实现很好地解决,当股权众筹募集到目标资金而成立公司时,股东总人数仍然不能超出股份有限公司的最高上限,通过另行成立法人向目标公司持股的平台注册投资人用户总数,也就是作为"股东"的公司法人之"股东"数量,也应当计算在500~1000人的范畴之内。

综上所述,笔者建议,第一,应当采取股份有限公司形式来作为筹集资金成功后的公司形式;第二,为适应股权众筹这一互联网金融工具的大众、开放属性,对股权众筹认证投资人参与项目的人数上限作出提高(这一提高将会超过股份有限公司的股东人数);第三,允许通过法人持股等间接持股方式来解决股权众筹投资人人数超过股份有限公司股东人数上限的问题;第四,所有间接持股和直接持股人数总和不得超过设定的股权众筹投资人人数上限。这是目前既要提高股权众筹投资人人数,又要符合现行公司形式成本最低的规制办法。

6.3 完善对公众投资人的规制

首先,应当完善公众投资人的准入制度,采用"投资能力+投资财力"的认证方式。在投资能力认证方面,应当鼓励专业基金投资机构、曾从事证券行业的高级熟练人员、天使投资人、商业风投等参与股权众筹,一则上述参与者对项目的理性判断与分析决策,能对其他普通投资人起到参考作用,减轻其分析成本,有助于推动项目的成功融资;二则对专业投资能力拥有人进行认证,有助于区别对待其与普通公众投资人应负的不同风险责任与注意义务,对于司法处理纠纷也有指向性意义;三则通过专业能力认证，活跃的投资人直接在监管机构进行了注册备案，对获取股权众筹市场整体情况、治理股权众筹有明显益处。

对于普通投资人来说，投资能力如何量化或设计投资成功率指标是个比较复杂的问题，这里可以借鉴英国立法例，很好地回避设计成功率指标，而采用从业经历、投资次数两大体系作为认证成熟投资人的标准。

在“投资财力认证”方面，可以借鉴美国、英国的监管规定，即只有达到一定收入水平，具有较高资金实力的投资者方可投资，并且针对单位与个人制定不同金额标准，同时还应当考虑中国广泛的地域差异和不同的经济发展状况，来确定投资人准入的最低资产限制数量级别。

其次，我国股权众筹中投资人的投资行为，也需要法律规制。根据上文对投资行为的探讨，我们可以得出这样的结论，即只通过投资人最低资产限制准入，对风险的控制相对较弱，这一做法在未来的法律实践中只可能成为投资人的认证条件之一，而不能成为股权众筹控制投资人风险的核心措施，更不可能是现在监管层考虑的唯一措施。而世界通行的做法是对投资人可支配的资产进行比例限制，根据不同投资实力设定不同投资比例限额。JOBS 法案以投资者的年收入或净资产 10 万美元为界限，在界限之下的每年可投资金额为年度收入资产净值的 5% 或 2000 美元，在界限之上的则上调至 10%，但每年不得超过 10 万美元总额。结合上述论证及调查问卷，受访者最为集中的投资比例是可支配投资财产的 50%①，笔者认为，我国投资者的比例思维比较薄弱，

① 详见附录。

50%的比例明显虚高，应当在投资人准入的前提下，对投资人进行分类管理，允许其一定时间内股权众筹投资的比例不得高于净资产或年度收入的20%。另外，还有学者建议限制投资者投资于每一股权众筹发行人每一次发行的资金数额。[65]对此观点，笔者表示赞同。我国股权众筹仍然处于初期阶段，我国投资人并不够成熟，要完善投资人规制，可以参照国外经验，在限制投资人单次投资金额占净资产的总数之比例的同时，对投资人参与股权众筹一定时间内的总量进行限制。此外，我国传统对金融投资行为的治理经验也有可资借鉴之处，比如强制平仓限制、担保限制、持仓限额限制等，都可以为治理股权众筹投资行为提供有益补充。

最后，投资人投资行为的冷静期设立，也是风险控制的重要方案。在股权众筹中，投资人经历了这样的阶段化转变：投资人对项目投入资金、项目运作启动、成立公司则投资人成为股东。当投资人成为股东之后，通过资本控制权与经营权的分离，获得股东权，股东权利受到公司法保护，当股东发现利益被侵犯，可以选择行使股权——投票对公司加强治理和控制，也可以选择“用脚投票”，出售股权全身而退。考量这一阶段的退出机制可以看出，在投资人对项目投入资金之后，直到成为股东，根本就没有一个健全的退出机制。因此，未来投资人保护的法律规范，应当在公司成立前的阶段，允许投资人具备一定条件下的资金退出时间。这一机制的建立，使投资人有冷静思考的时间，经过思考留下的投资人，是对项目和公司前景更有信心的人，成为股东之后，也更有助于后期企业的稳定发展。2016年以来，许多股权众筹平台已经自发探索一些退出机制，如云投汇安排了隔轮退出的通道机制，京北众筹与股权交易中心合作为股权众筹成功的企业提供挂牌及股权流转服务等。我国股权众筹的法律规制构建，需要在未来对这一问题作出统一指导。

6.4 完善对融资发起人的规制

在未来股权众筹发展的完善之路上，需要注意的是对初创企业的认定及融资限额的设定。

首先，应当在法律上进一步明确中小微企业或项目的初创属性，明确股权众筹中融资法律规制的适用范围，从根本上回归其鼓励创新的本质属性，这有助于推动经济发展，也有助于辨别打着股权众筹幌子的"敛财者"。具体而言，应当明确将股权众筹用于具有明确营业计划、进行实体生产特别是具有创新要素的企业，排除投资基金等非实体生产主体的参与。股权众筹的融资阶段必须限定在企业的初创期。这样的思路，之所以能确保股权众筹运行在切实服务中小实体、汇集社会分散资金进行生产力创新激励的轨道上，还基于如下的资源考虑：当企业度过了初期的资金难关，就不应当继续采取这样开放的方式进行资金融合，一方面，这有助于刺激企业进一步扩大，防止发展奋进松懈；另一方面，企业具备一定规模与实力之后，其应当承担的社会责任与风险意识就要有所提高，其信息披露和管制成本也要相应提高，而股权众筹针对初创企业所蕴含的各种便利和便捷，明显就不再适合，应当对社会资源进行优化配置，将这种便利赋予更多真正有资金需要的初创企业，这样才有利于多层次资本市场的构建。对于融资者的准入设定，之前的监管层文件与意见中也有一些反映。虽然这些反映并没有正式成为系统的法律规制构建，但起码反映出监管层对股权众筹的治理考虑还没有进路到深化市场资源配置上来。笔者认为，对融资发起人准入的立法考虑，必须完善发起人的融资周期、创新性、服务实体产业能力认证条件。

其次，需要进一步规制融资行为，对项目融资设定限额。从之前我国监管层出台的一些文件可以看出，我国对融资发起人的融资限额并没有形成足够的认识，甚至忽略了对融资项目设置限额的必要性，认为这是“充分体现风险自担”。世界通行的做法是将股权众筹的规制重点放到发行项目的额度上限之上，这样的好处在于可以有力地防止融资人滥用发行权利非法募集资金。因此，笔者建议设置融资上限以减低投资人风险。

最后，还应当建立特定条件下的豁免机制。规制融资行为并不是要以牺牲融资的便利性为代价，在信息市场，不可能将全部成本负担都归于其中一方。“规制”并不等于简单的“限制”。一方面，在法律框架下，应当尽可能地降低融资发起人的信息成本，让其在作出最优选择的同时，不至于增添过多顾虑，顾虑减少则作为将变得主动积极。另一方面，在投资人面对融资行为时，依据法律事先拟定的模式，可以获得尽可能多的信息，并与融资方进行有效沟通，如此才能减少投资人的决策判断成本，以促进双方同时作出最优选择。从便捷融资的角度出发，监管层在今后实践中对股权众筹中融资行为的治理方式，应当着重对初创企业进行帮助，比如简化初创企业的融资流程、会计披露、财务审计披露、高管情况披露；减轻其融资负担，引入小额豁免制度，在一定小额的范围让融资者免于重复报送备案及信息披露，使之减低负担成本,比如有学者提出:“在融资金额在50万元以下的财务信息的审核,应该都由平台进行审核把关并公布。只有50万元以上的融资财务报表才需报证监会备案,以提高效率。建议10万元或以下的发行,只需将过去财政年度的所得税纳税申报表和未经审计的财务报表确认无误即可;对于10万元到50万元的发行,财务报表需要独立会计师的审阅;而对于50万元到100万元的发行,财务报表需要经过审计”。[66]

6.5 完善股权众筹平台的监管措施

一方面,应当确立平台准入的许可制度。我国股权众筹平台的运营活动必须处于证监会的监管之下,得到证监会的许可,即坊间所称的“牌照制”营业模式。采用许可制对互联网金融市场监管的重要性在上文已经详细阐述,此处不再赘述。笔者建议监管层对平台“牌照”的许可,应当审核平台申请者是否具备如下几个方面:一是平台必须有一定注册资金要求,用以预防和承担风险;二是平台的高管人员,如董事、监事、经理等,必须符合证券从业的相关条件和执业操守;三是平台必须拥有完备的第三方资金托管,将平台项目运作和资金管理分开,确保投资人资金安全;四是平台须具备安全支付、反洗钱、反欺诈机制;五是平台必须建立有效、合理的向公众披露信息的流程和方式;六是在特定条件下,平台还须购买风险保险。

另一方面,对股权众筹平台行为的规制,应当着力于解决信息不对称问题,平衡多方利益。笔者建议,在未来股权众筹规制的构建中,须从如下方面考虑:

一是设置利益冲突禁止规则,包含有禁止股权众筹平台持有或者处理投资者资金、证券;不得向融资人进行投资或在融资人处占有关联利益;禁止中介方为融资项目进行担保;禁止平台代持股;禁止平台代投资;禁止平台高管人员及关联人员交易;平台在参与人处拥有利益等,同时要设定惩罚机制,对于平台触犯利益冲突禁止规则,要进行严厉处罚。

二是规范尽职调查行为,对投资人的尽职调查,平台必须承担起初步认定适格投资人的义务,以作为监管层认证投资人的补充,投资人主体资格制度本身就是对投资人设定的“入场门槛”,如果平台作为“融资场地”,都不履行“场地看管和门票验证”,那么投资人主体资格制度将流于形式。平台须对融资人进行尽职调查,包括融资发起人提交的资质、组织结构、经营管理情况、募集资金用途、融资项目的合法性审查等。

三是规范信息披露行为。平台必须先行披露自身信息,包括平台注册资本、从事业务类型、管理制度及人员、向监管层备案或注册情况、符合规定的审计情况、互联网平台的 ICP 备案情况。平台应当披露融资项目的信息,包括融资项目的详细情况、融资用途、运作方式、盈利模式、企业前景、公司运作结构、管制制度、监督权行使、预期股权分配,以及最重要的项目风险程度等。在披露方式上,禁止向非实名或非认证用户进行项目展示或信息输送,以及禁止不合规、不道德的劝募、诱募行为,平台必须通过法定的方式,通过展示、告知、推送等确保投资人可以获悉的方式对项目信息进行真实完整披露,但凡经过平台发布的信息,基于第三人的善意,应当认定平台与融资发起人对信息共同负责。平台还须设立专门的风险信息提示,方式可以采取风险告知书、网页提示、公开声明、投资人手册、确保参与人知悉风险的回执回收方式。最后值得重视的是，在信息披露以预防结构性风险的层面，最好的办法莫过于建立政府主导下的全国统一式的信用机制。这一机制与过去央行征信数据平台有所不同，是在央行征信数据平台之上，进一步涵盖工商、税务、证券、保险等方方面面的大数据平台。政府主导下的大数据平台，是解决互联网股权众筹中信息不对称、节制失信的有力举措。国内大部分众筹平台失信控制手段尚停留在线下征信、引入第三方担保机构、提取风险金等相对单一方式之上，亟须政府牵头，通过大数据、区块链、人工智能等前沿技术手段，改变传统信息的提供方式，打破股权众筹中的各种信息孤岛。

四是规范反欺诈行为。应当强化股权众筹平台反欺诈职责，将反欺诈的法律阵线抵近市场前沿，才可能最大程度地提高欺诈行为的成本，抑制其收益，从而抑制其行为，预防因侵权引发的社会不稳定事件。对明知道其所作交易承诺或者预测不实，或者故意隐匿重要事实或者做不实陈述诱使他人从事股权众筹投资的，诱骗投资者投资没有足够抵御风险能力的项目或者不需要投资的项目或者无从了解具有风险性质的项目，造成严重后果的，必须处以高额处罚，甚至须追究刑事责任。

五是规范平台管理行为。对保密与保管义务的年限规定，可以采取由监管层制定“底线年限”+“合意约定”的做法，即立法者或监管层制定最低义务年限作为指引，平台和双方在中介服务协议中约定的保管与保密年限不得低于法律要求最低年限，至于对双方另有需求的，如创意保护、商业秘密保护、知识产权保护等，可以根据实际情况在最低年限之上，约定更高的保管与保密年限。

6.6 健全社会风险的化解机制

由于应对股权众筹社会风险的难度比较大，可能涉及和影响社会面较广以及可能引发的情况较复杂，因此，要明确和强化政府各职能部门的职责定位，将防范、处置应对工作提上日常议程，从切实排除社会稳定隐患、维护广大人民群众利益出发，做好多部门、多手段的协作配合，增强处理金融风险向社会风险转化的能力，在地方法规授权下协调部门，加大对股权众筹市场的监管和投诉处理，提高警惕性，对众筹行为中的失范现象加大惩处，同时引导集体诉求向合法民事途径寻求解决，实现金融纠纷与群体性事件的“软着陆”。在初创企业风险化解方面，对有市场前景但陷入暂时危机的企业，应当慎用保全措施，善用调解、和解手段，帮助企业走出困境。在笔者的调研中，西南某省企业进行互联网金融融资，往往存在资产抵押不足值、被评估过低的现象，为保障公众投资者的利益，应对资金链风险，建立应急转贷处置长效机制就显得十分必要，在政府与金融系统协调下规范临时解封转贷办理流程，促进资产的流转再投产，支持银行开展借款展期工作，可防止企业大面积涉诉情况发生。另外，应积极探索对陷入金融纠纷初创企业的不良资产进行剥离和处置的方式，借鉴沿海一些城市政府组建市级政府性资产管理公司的经验，以协议转让的形式优先购买以涉案企业为债务人的打包性不良贷款，并配合法院统筹处置，能有效缓解企业风险局面和公众福利的受损。同时鼓励优质民间资本以协议转让的方式参与金融债权的处置，拓宽企业债权处置渠道,协调政府各部门减免相应税费,化解企业的资产转让困境,在一定程度上推进公众投资人的债权实现和清偿。[67]

7 结　语

股权众筹自2011年进入我国以来，就呈现了迅速发展之势。从2013年开始，我国众筹行业就开始了爆发式的高速发展，众筹平台大量涌现，融资规模增势良好。但是，自从2013年证监会对“网络募集股份行为”进行禁止定调之后，我国股权众筹便处于灰色地带运行。2014年至2015年，中国证券业高层密集发文，积极作为：2014年12月，中国证券业协会起草《私募股权众筹融资管理办法（试行）》（征求意见稿）；2015年7月18日，包括央行、证监会在内的十部委联合发布《关于促进互联网金融健康发展的指导意见》（银发〔2015〕221号）；2015年8月3日证监会发布《关于对通过互联网开展股权融资活动的机构进行专项检查的通知》（证监办发〔2015〕44号），这一系列文件标志着“股权众筹”这一特有名词，正式被纳入官方话语体系。在此之前，股权众筹已经在世界各国悄然蓬发，其中以美英金融发达国家最具代表性。

股权众筹经历了一段时间的发展之后，也暴露出一些问题。针对这些问题，中国证监会于2015年8月7日致函各地方政府，要求规范通过互联网开展股权融资活动，同时部署对通过互联网开展股权融资中介活动的机构平台进行专项检查。经过一段时间的摸底排查后，中国证监会在内的十五部委，于2016年4月，共同下发《股权众筹风险专项整治工作实施方案》，对治理股权众筹的工作进行了进一步的明确。

长期以来，中国传统金融业务采取集中式、高端运作的路径，形成了行业垄断、门槛高的状况，往往是实力雄厚的国企、大型民企能相对容易地获得正式金融市场的融资，而中小微企业多寻求于民间融资等非正式渠道，造成了融资市场的"双轨制"现象。而普通民众获得优质金融服务的平等权利就更无法得到实现，"金融普惠"的现实价值远远未能实现。随着互联网的高速发展和广泛普及，世界金融格局发生巨大变化，互联网金融也因此成为中国金融业创新发展的催化剂，特别是股权众筹的出现，为解决企业融资问题提供了一条全新的思路。互联网金融的核心精神是开放与分享，这与"金融普惠"不谋而合，随着P2P、余额宝等互联网新元素的层出不穷，互联网金融成为公众关注的目标，十八届三中全会更是将包含互联网金融在内的普惠金融战略赋予了国家经济战略的重要意义。

毋庸置疑，股权众筹发挥的便捷投融资功能，在极大程度上丰富了我国市场投资工具和融资渠道，但是正如上文的论述中所说，这种市场自由不应当是信马由缰，而应当是在政府主导之下，进行"理性作为"和"利益平衡"。对股权众筹的合理、合法规制，不仅不是阻碍股权众筹发展的羁绊，相反，还是保障股权众筹能在我国初级阶段金融市场条件下，健康发展、有序发展的必要条件。在过去的发展历程中，监管层、学术界、实务界都对股权众筹进行了各式的分析和探讨，虽然观点各异，但有一点已经取得共识,那就是随着股权众筹法律规范的进一步完善,股权众筹必将成为我国金融市场的崭新工具,为推动市场繁荣作出贡献。

8 附　　录

8.1 问卷调查

一、性别：

(1)男

(2)女

二、年龄：

三、文化程度：

(1)初级、中级教育

(2)大学教育

(3)硕士及以上教育

四、你是否曾参与过网络上的投资理财?

(1)是，多次

(2)是，偶尔

(3)从未参与过

五、你是否参与做过生意?

(1)是，多次

(2)是，偶尔

(3)从未参与过

六、你是否购买过公司原始股?

(1)是,多次

(2)是,偶尔

(3)从未参与过

七、你是否在你投资的领域具备专业知识?

(1)是的

(2)不是的

(3)有时候是的

八、在判断拟投资项目的好坏时,你是否认为你自身过去的经验更值得信赖?

(1)是的

(2)不是的

(3)在一定情况下是的

九、你投资网上融资项目的动机是什么?

(1)无动机,我只是想试一试

(2)因为我认识或听说过该项目的发起人

(3)因为我喜欢这个项目并希望支持这个创意

(4)因为我希望得到某些回报

(5)因为我支持众筹这一新现象

(6)其他动机

十、你在进行投资前会做什么事?

(1)联系初创发起人

(2)开展背景调查

(3)仔细阅读网络上对该项目的介绍

(4)其他举动

十一、从萌生念头到决定投资,你的考虑时间是:

(1)少于 5 分钟

(2)1 小时

(3)24 小时以内

(4)24 小时以上

十二、在项目的哪个阶段你会进行投资?

(1)开始阶段

(2)中间阶段

(3)接近目标时

(4)超出预期目标时

(5)不能一概而论

十三、参考他人的投资意见对你来说有多重要?

(1)非常重要,否则我不会决定投资

(2)重要,我会自己判断为主

(3)一般

(4)完全不重要

十四、你是否认为领投人比你更专业?

(1)我认为他们比我更专业

(2)我认为他们没有我专业

(3)我从未考虑过这个问题

十五、你如何获取网上投资的信息?

(1)通过融资发起人的宣传了解

(2)通过网络推送信息了解

(3)我从不在意网络投资信息

十六、你是否考虑过在互联网上投资某公司成为该公司股东?

(1)是的

(2)可能会

(3)不是的

(4)不清楚

十七、在一项互联网投资中,你是否将融资风险纳入你的考虑之中?

(1)是的,总是这样

(2)有时候会

(3)从不会

十八、当你拥有一个项目的投资权益(股权)时,你是否想过要去介入项目的运作?

(1)是的,那是我作为权益人的权利体现

(2)我从不想参与项目的发展

(3)具体情况而定

十九、你是否愿意减少现实分成来换取项目中的股权?

(1)是的,股权更具有长期利益

(2)不是的,我倾向于及时获利

(3)不清楚

二十、你愿意为一项股权投资支付多大比例的代价?

(1)较大比例,将我投资预算的大部分用于长线投资

(2)普通比例,在投资预算中分配一半左右作该类投资

(3)一小部分我所能支配的投资预算

(4)没有考虑过投资比例的问题

二十一、你过去投资的经验中,用多长时间对项目进行考察?

(1)少于 24 小时

(2)大于 3 天

(3)大于半月

(4)大于半年

二十二、试想一下,如果你已经拥有一个互联网投资项目的股权,你是否会积极去监督?

(1)是的

(2)可能会

(3)不会

(4)不清楚

二十三、试想一下,如果你已经拥有一个互联网投资项目的股权,你是否会参与公司决策?

(1)是的

(2)可能会

(3)不会

(4)不清楚

二十四、试想一下,如果你已经拥有一个互联网投资项目的股权,哪一类项目信息是你最希望公开的?

(1)项目运作过程信息

(2)项目运作结果信息

(3)不需要信息

(4)不清楚

二十五、你是否认为自己是一个富有冒险精神的投资人,如果把风险分为五个等级(第一级为最高),你能接受到哪一级?

(1)第一级

(2)第二级

(3)第三级

(4)第四级

(5)第五级

二十六、你是否认为自己是一位能信赖他人的投资人,如果把对他的信赖分为五个等级(第一级为最高),你能接受到哪一级?

(1)第一级

(2)第二级

(3)第三级

(4)第四级

(5)第五级

二十七、你对股权众筹有没有了解?

(1)非常了解,知道其概念、流程、优势等

(2)一般了解,只听说过

(3)从未听说过

二十八、你认为在过去的12个月里,中国经济与投资市场怎么样?

(1)持乐观态度,看好

(2)看好但目前不明朗

(3)不看好

(4)不清楚

二十九、如果你是投资人,你会选择的投资方式有(可多选):

(1)股票

(2)基金

(3)期货

(4)房地产

(5)互联网金融

三十、如果你是融资人,你会选择的融资方式有(可多选):

(1)银行融资

(2)小额借贷融资

(3)互联网金融

三十一、假设一家公司发起人 A 持有股份 20%,公司总资本为 100 万元,在引入基金股东 B 第一融资 900 万元后,A 将自己的股票设定为超级股,一股 20 票,问:A 对公司是否还有控制权?

(1)没有

(2)有

(3)不知道

8.2 关于对调查问卷的实证分析

8.2.1 拟验证三个假设

为了探讨"中国投资环境中是否存在股权众筹得以发展的市场",笔者借鉴国外调查方法,设计了一套调查问卷,通过问卷方式去捕获投资人的相关变量。变量分析法的好处在于可以通过截取一定时间段的关联要素,从而通过演绎方法,检测或推翻假设。

"中国投资环境中是否存在股权众筹得以发展的市场"是总的调查目的,问卷答案的数据搜集与比例分析是变量分析法的基础,在调查目的之下,笔者拟对问题进行细分,从而形成演绎式的假设验证过程，即：

第一步：中国公众对股权众筹已经十分熟悉；

第二步：中国公众投资人足够成熟可以驾驭股权众筹等互联网金融；

第三步：中国投资市场的秩序法足够健全对股权众筹作出适当治理。

之所以选择对公众投资人进行调查，在于公众投资人所处的特殊角色与地位，调查所能反映出的信息不仅能判断投资人需求，还能通过这一桥梁，间接获取到融资人与平台目前所处的地位，即投资人期望市场呈现出什么样的生态环境，而这一生态环境是由融资人、平台共同构建的。这一市场生态环境的现状可以推导出市场存在什么样的法律需求。

8.2.2　变量与信息

为了调查结果的尽可能公正、科学，在调查过程中，受访者都被告知以匿名方式，并且在问卷的前半段特意“淡化”了“股权众筹”的词语使用。在受访者样本选取上，总共投放调查问卷600份，分为两个组别，第一组别为北京某众筹网站[①]提供的注册客户，通过网络邮件推送等方式，共计投放300份问卷；第二组别为纯粹的公开网民，借助微博微信，共计投放300份问卷。第一组别有效回收问卷277份，第二组别有效回收问卷252份。第一组别与第二组别的问卷进行汇总融合，以期对特别突出的受访者特征进行稀释。调查时间持续48天。

---

① 鉴于该公司与用户协议，未经授权不披露该公司名称。

问卷设计共计 31 个问题,每个问题包含 3 个以上(含 3 个)选项,整体用以搜集如下四类信息:一是公众投资人的定性描述;二是投资经验及对股权众筹的了解程度;三是参与股权活动的行为方式及风格;四是市场活动中可能出现的乐观、冒进、信任层次、计算能力等要素。

具体而言,在问题中,会首先确认受访者的性别、年龄、受教育程度,这些是公众投资人的基本属性描述;在问卷中,还会搜集到受访者的投资动机、投资经验、专业知识情况、投资比例划分等变量。

当面对股权众筹时,受访者如何决策也是值得考量的要素,在问题中会设计让投资人衡量"现实红利"与"预期股权"的两种不同选择;在项目的运作中,也会让受访者根据自己的实际情况,搜集其是否会从事监督、调查、决策等行为的可能性。

为验证信息不对称原理对市场的影响,问卷还设计了受访者是否考虑参照他人,特别是领投人的影响要素;受访者对融资人信息披露的需求程度、信任程度等。

考虑到受访者存在差异性,问卷中设计了一系列考察其行为风格的问题及选项,旨在搜集其投资活动中乐观与否、激进与否、对市场信息信赖与否、从众心理、社会影响等多个变量。

下文将对上述各个变量系列进行详细阐述,并对该变量所能反应的法律需求进行分析。

8.2.3 样本辨识

①性别

在调查开始时,首先要明确的是样本的基本情况,基本情况能直观地表现出受访者对股权众筹的一个整体概括感知,比如什么样年龄段的人会对互联网投资感兴趣,而每个投资人的投资心理都不可避免地受其社会经历的影响,孤立在社会存在之外的人是不存在的,先行摸清样本情况的意义正在于此。受访者接触问卷之初,将不被告知该问卷与股权众筹有关,以免先入为主影响调查科学性,取而代之在问卷中将股权众筹拆分为“互联网”“投资”“股权”等多个概念,藏匿在问卷中。在第二十七个问题中直接表述了股权众筹的概念,其目的仅在于获取“股权众筹”这一概念在受访者中的熟悉程度。

在投放并有效回收的问卷中,63%为男性,其余为女性(问题一)。这一数据似乎并不能说明男女性别对待股权众筹的感知差异,但结合后面的问题数据,笔者发现在男性样本中,普遍存在比女性更为激进的投资风格,比如在第十一个问题上,男性对项目进行投资的前期考虑时间就明显短于女性,该问题54%(基数为男性问卷总数)的男性选择了“24小时以内”,剩下的男性思考时间更短,而女性一致选择了第(4)个选项,即“24小时以上”。当进行到第二十二个问题时,女性在对待“互联网+投资”的模式行使监督权力就明显比男性积极得多,在该问题选择上女性会积极对项目进行监督的比例为78%(基数为女性问卷总数),而男性似乎更粗枝大叶。

②年龄

样本描述的第二个问题是年龄(问题二)。经计算,问卷投放并有效回收的样本平均年龄在35岁,这是一个比较年轻化的年龄数据,其层次结构也比较明显。

表8-2-1 样本年龄结构

年龄	比例(% 不足取进位)
20岁及以下	1%(取进位)
21~30岁	23.9%
31~40岁	66.8%
41~50岁	7.3%
50岁及以上	1%(取进位)

分析样本的年龄结构可以看出,之所以出现如此的层次与集散态势,在于该样本本身原因,一是第一组别受访者均是来自众筹网站注册用户,二是公开网络问卷受访者对题目的感兴趣程度,对"互联网""投资""股权"等系列关键词不感兴趣的网民往往会选择绕道而行。

从样本的层次结构来说,31~40岁是比例最大的阶段,反映出受访者对股权众筹的感知程度,建立在有一定经济基础和社会阅历,具备比较好的投资条件和互联网技能。而21~30岁阶段虽然在互联网技能方面应当比前述阶段更强,但投资条件却远远不及前述阶段,从后续问题的情况来看,这一阶段的受访者往往刚步入社会,具有良好的教育情况(问题三),对新事物接受比较快。在40岁以上的后两个阶段,鉴于互联网技能的普及偏小,在互联网投资方面自然兴趣趋弱。而20岁以下的投资人比例小,更多是局限于投资条件,经济水平受到很大限制。

③情商(EQ)

情商(Emotional Quotient)通常是指情绪商数,简称EQ,主要是指人在情绪、情感、意志、耐受挫折等方面的品质。情商与先天因素并没有太多联系，但与后天养成有直接关联，因此，在这项与投资有关的调查问卷中，对受访者情商信息的搜集，就是直接对受访者后天经验认定的过程。掌握受访者的情商情况，是对本次调查目的——验证上文假设的重要分析基础。

在调查问卷的问题中，对受访者的各项情商都有所涉及。比如监督情商（MonitoringEQ），用于获取受访者在作出互联网投资行为前与行为后，是否具备积极性去对项目进行调查、跟进，对公司状况进行监督，简而言之，就是受访者乐于行使准股东或股东权利的思考品质；时间情商（TimeEQ），用于考量受访者在安排投资前的思考成熟度；管理情商（GovernanceEQ），用于考察受访者参与项目，管理项目信息的能力。

8.2.4　说明：是关联因子，而不是决定因子

调查问卷分析方法的好处在于可以尽可能直观地获取受访者的感知情况，同时在一些单项设计上，去判断受访者是否足够理性，对股权众筹进行接纳，甚至积极参与。在调查过程中获取的信息及数据，用以分析与股权众筹有关的诸多问题：在主体方面，什么实力、风险意识程度的个体可以作为我国认证的股权众筹投资人？在行为方面，公众可以接受的分类别投资限度是多少？在平台方面，公众期待的信息披露与投资决策应当达到什么样的平衡关系？在救济和保护方面，投资人期待什么样的法律调控？

实证的数据好过纸上谈兵，但同时也需要注意的是，在调查问卷中采集的数据，并不能代表全体中国投资人群体的感知状况，之所以使用变量分析法，旨在寻求一些和股权众筹市场相关

联的因素,用以验证上文的假设是否成立,并再往前一步探求中国股权众筹市场需要什么样的规制法律。这些要素在演绎分析的角度来说,是科学的、独立的,但它们并不是决定中国股权众筹市场秩序法的全部要素,可能会存在一些本项调查无法覆盖的影响因子,但这并不影响使用问卷中所能最大涵盖因子对假设进行验证分析的有效作用。我们只是尽最大可能地探讨关联因子,从而完善秩序法,而不是寻找全部决定性因子,任何实证分析方法都只能无限趋近真理而不是取代全部真理,任何人都不是绝对理性,也不可能从受访者的感知中推导绝对真理。

8.2.5 问题与答案

①受访者经验与专业问题

问卷的主体部分从第四个问题开始,即"你是否曾参与过网络上的投资理财",选择"(1)是,多次"的比例为11%,选择"(2)是,偶尔"的比例为43%,选择"(3)从未参与过"的比例为46%,这个问题旨在调查中国公众投资人的互联网理财经历达到了何种程度。我们可以看到,多次参与互联网投资的受访者远远低于后面两个选项,互联网投资活动在我国的普及程度还处于起步阶段。单凭第四个问题的孤立数据,并不能有力地支撑上述论断,但后续的数值将会对该数据的独立性进行挑战或补强。

第五个问题"你是否参与做过生意",是在获取受访者的商业经验,为后续问题中受访者会采取的融资方式信息搜集进行铺垫。在本问题中选择"(1)是,多次"的比例为16%,选择"(2)是,偶尔"的比例为31%,选择"(3)从未参与过"的比例为53%,可见受访者作为具有经商经验主体的比例并不大。

第六个问题"你是否购买过公司原始股",实际上是获取受访者对股权众筹的预期股权有何种相似的接受程度。在该问题中,选择"(1)是,多次"的比例为11%,选择"(2)是,偶尔"的比例为13%,选择"(3)从未参与过"的比例为77%,比较悬殊的数据展示表明的问题是:中国公众投资人并没有对预期股权的投资具有很充足的经验认识,造成这一现象的原因比较多样。

第七个问题"你是否在你投资的领域具备专业知识",选择"(1)是的"的比例为28%,选择"(2)不是的"的比例为58%,选择"(3)有时候是的"的比例为13%,从数据上看,公众投资人在投资领域具备的专业知识偏弱。

第八个问题"在判断拟投资项目的好坏时,你是否认为你自身过去的经验更值得信赖",选择"(1)是的"的比例为35%,选择"(2)不是的"的比例为51%,选择"(3)在一定情况下是的"的比例为14%。从数据上看,受访者并没有处于盲目自信的经验认知中,但对过去自身经验的依赖仍然占有较大比例而不可忽视。

②动机与决策问题

第九个问题"你投资网上融资项目的动机是什么",选择"(1)无动机,我只是想试一试"的比例为1%,选择"(2)因为我认识或听说过该项目的发起人"的比例为25%,选择"(3)因为我喜欢这个项目并希望支持这个创意"的比例为49%,选择"(4)因为我希望得到某些回报"的比例为13%,选择"(5)因为我支持众筹这一新现象"的比例为10%,选择"(6)其他动机"的比例为1%。从数据上看,公众投资人对项目的初创性的看重程度超出其他选项很多,这也符合众筹、包括股权众筹的初创属性。

第十个问题"你在进行投资前会做什么事",该问题系多项选择。在数据统计中发现，选择“(3)仔细阅读网络上对该项目的介绍”比选择“(1)联系初创发起人”“(2)开展背景调查”更为集中，多出比例为25.6%；而选项(1)又比选项(2)多出比例12%。从选项中的构成情况中可以看到，受访者更集中地信赖网络平台对项目的介绍，即公开信息的获取；对于联系发起人不是每一位受访者都能做到，它比背景调查更为集中，说明受访者对通过某种途径联系到发起人，去获取最直接的一手信息还是具备积极性，但这种积极性比前一种方式弱；背景调查之所以成为最不受青睐的选择，在于它的成本远比前两种高。

第十一个问题“从萌生念头到决定投资，你的考虑时间是”，选择“(1)少于5分钟”的比例为13%，选择“(2)1小时”的比例为33%，选择“(3)24小时以内”的比例为16%，选择“(4)24小时以上”的比例为38%。从数据上显示，受访者在考虑投资的“一小时”和“24小时”是两个峰值点，可喜的是并没有出现太过冒进的投资方向，即便该问题不能完全证明投资人成熟度，但却能表明受访者的时间情商。

第十二个问题“在项目的哪个阶段你会进行投资”，选择“(1)开始阶段”的比例为21%，选择“(2)中间阶段”的比例为27%，选择“(3)接近目标时”的比例为38%，选择“(4)超出预期目标时”的比例为12%，选择“(5)不能一概而论”的比例为2%。从数据上来看，在项目各个阶段的投资意向都有涉及，数值之间没有太大悬殊，但排位显示第(4)选项最为靠后，原因在于项目超出预期后，投资人采取更谨慎态度，避免“追涨”；而前三个选项的数值显示，在对待项目的投资阶段时，投资人选择趋于成熟稳定。

③信息影响问题

第十三个问题“参考他人的投资意见对你来说有多重要”，选择“(1)非常重要，否则我不会决定投资”的比例为44%，选择“(2)重要，我会自己判断为主”的比例为31%，选择“(3)一般”的比例为8%，选择“(4)完全不重要”的比例为17%。从数据上看，选项(1)比选项(2)多，在于受中国传统文化及传统思维方式影响，受访者独自判断的模式比所谓“集思广益”后进行判断的模式概率要小，这反映出在股权众筹中劝募信息的影响可能将起到很大作用。

第十四个问题“你是否认为领投人比你更专业”，选择“(1)我认为他们比我更专业”的比例为26%，选择“(2)我认为他们没有我专业”的比例为4%，选择“(3)我从未考虑过这个问题”的比例为70%。从数据上显示，选项(3)的比例遥遥领先，其次是选项(1)，选择选项(2)的比例非常小。而选项(3)的内容“从未考虑过该问题”所反映的是该问题本身并不足以对某些问题形成有力证明，但受访者一旦“考虑该问题”，即存在领投人有意识地将信息输送给受访者时，受访者选择选项(2)的比例将比选项(1)多出六七倍。

第十五个问题“你如何获取网上投资的信息”，旨在搜集受访者的信息获取渠道，系多选题目。选择“(1)通过融资发起人的宣传了解”指代信息来源为融资发起人，选择“(2)通过网络推送信息了解”指代信息来源为平台，选择“(3)我从不在意网络投资信息”为配合选项。从数据上显示，选择(1)(2)联选的为大多数，占问卷比例的71%，而单选(1)比单选(2)的比例小5%左右，将(1)(2)联选的比例进行分配后，选择选项(2)，即平台信息的受访者仍然领先,平台信息是领先发起人自身宣传的信息方式。

④投入与收益问题

第十六个问题“你是否考虑过在互联网上投资某公司成为该公司股东”,选择“(1)是的”的比例为11%,选择“(2)可能会”的比例为21%,选择“(3)不是的”的比例为40%,选择“(4)不清楚”的比例为28%。从数据上来看,受访者通过网络投资成为某公司股东的意愿偏弱。

第十七个问题“在一项互联网投资中,你是否将融资风险纳入你的考虑之中”,选择“(1)是的,总是这样”的比例为27%,选择“(2)有时候会”的比例为22%,选择“(3)从不会”的比例为51%。从数据上来看,受访者作为投资人,换位处于融资人角度去思考融资风险的积极性非常弱。

第十八个问题“当你拥有一个项目的投资权益(股权)时,你是否想过要去介入项目的运作”,选择“(1)是的,那是我作为权益人的权利体现”的比例为36%,选择“(2)我从不想参与项目的发展”的比例为61%,选择“(3)具体情况而定”的比例为3%。从数据上显示,受访者介入项目直接运作的积极性偏弱。

第十九个问题“你是否愿意减少现实分成来换取项目中的股权”,选择“(1)是的,股权更具有长期利益”的比例为15%,选择“(2)不是的,我倾向于及时获利”的比例为67%,选择“(3)不清楚”的比例为18%。从数据上显示,更多的受访者倾向于及时获利,而对于长期的股权分红期待性偏弱。

第二十个问题“你愿意为一项股权投资支付多大比例的代价”,选择“(1)较大比例,将我投资预算的大部分用于长线投资”的比例为13%,选择“(2)普通比例,在投资预算中分配一半左右作该类投资”的比例为36%，选择“(3)一小部分我所能支配的投资预算”的比例为7%，选择“(4)没有考虑过投资比例的问题”的比例为44%。从数据上来看，选项(4)的比例最大，受访者中很大一部分是没有考虑投资比例问题的，另外值得注意的是，有36%的受访者选择了一半的比例用于投资，这一比例是否有助于风险控制，还有待进一步验证。

⑤项目问题

第二十一个问题是“你过去投资的经验中，用多长时间对项目进行考察”，选择“(1)少于24小时”的比例为38%，选择“(2)大于3天”的比例为23%，选择“(3)大于半月”的比例为12%，选择“(4)大于半年”的比例为27%。从数据上来看，受访者对项目的考察力度明显偏弱。

第二十二个问题“试想一下，如果你已经拥有一个互联网投资项目的股权，你是否会积极去监督”，选择“(1)是的”的比例为11%，选择“(2)可能会”的比例为53%，选择“(3)不会”的比例为7%，选择“(4)不清楚”的比例为29%。从数据上来看，选项(2)的比例最高，尽管该选项具有一定或然性，但加上选项(1)的比例可以看出，受访者对项目监督的积极性，已经具备一定水平。

第二十三个问题“试想一下，如果你已经拥有一个互联网投资项目的股权，你是否会参与公司决策”，选择“(1)是的”的比例为9%，选择“(2)可能会”的比例为14%，选择“(3)不会”的比例为49%，选择“(4)不清楚”的比例为28%。从数据上来看，受访者参与公司决策的积极性偏弱。

第二十四个问题“试想一下，如果你已经拥有一个互联网投资项目的股权，哪一类项目信息是你最希望公开的”，选择“(1)项目运作过程信息”的比例为61%，选择“(2)项目运作结果信息”的比例为23%，选择“(3)不需要信息”的比例为9%，选择“(4)不清楚”的比例为8%。从数据上可以看到，受访者对项目运作过程的信息比项目结果信息更为看重，这表明受访者对项目运作的公开透明更为期待。

⑥评价问题

第二十五个问题“你是否认为自己是一个富有冒险精神的投资人，如果把风险分为五个等级（第一级为最高），你能接受到哪一级”，选项为：“(1)第一级”“(2)第二级”“(3)第三级”“(4)第四级”“(5)第五级”，比例排序为：(2)(4)(5)(3)(1)。受访者没有集中在最富有冒险精神的第一级别或最为保守的第五级别，但集中度最高的第二级却明显表现出中国投资人对投资活动仍然富有进取思想，在平均数（第三级）之上。

第二十六个问题“你是否认为自己是一位能信赖他人的投资人，如果把对他人的信赖分为五个等级（第一级为最高），你能接受到哪一级”，选项为：“(1)第一级”“(2)第二级”“(3)第三级”“(4)第四级”“(5)第五级”，比例排序为：(4)(3)(5)(2)(1)。这个问题旨在搜集受访者对他人的信赖心理，换言之，即他人信息对受访者心理的影响程度。从排序上看，受访者尚没有处于对轻信的地步，集中度最高的第四级别、第三级别反映出受访者对他人信息的信赖仍然保有谨慎态度。

第二十七个问题“你对股权众筹有无了解”，在进行了上述若干问题之后，这个问题直接揭示了“股权众筹”的词汇，用于搜集受访者对该词汇的了解情况。选择“(1)非常了解，知道其概念、流程、优势等”的比例为19%，选择“(2)一般了解，只听说过”的比例为51%，选择“(3)从未听说过”的比例为30%。从数据上来看，受访者对“股权众筹”的了解程度一般。

第二十八个问题“你认为在过去的12个月里，中国经济与投资市场怎么样”，选择“(1)持乐观态度，看好”的比例为5%，选择“(2)看好但目前不明朗”的比例为61%，选择“(3)不看好”的比例为15%，选择“(4)不清楚”的比例为19%。从数据上来看，受访者对中国经济整体上是看好，但却依然保持了谨慎态度，就股权众筹在中国的生存土壤来说，如果受众对中国经济与投资市场失去信心，那么任何互联网或实体方式的投资都是空谈。

第二十九个问题“如果你是投资人，你会选择的投资方式有(可多选)”，选项中包括“(1)股票”“(2)基金”“(3)期货”“(4)房地产”“(5)互联网金融”。选项集中顺序为：(2)(4)(1)(3)(5)，很明显，互联网金融投资在受访者心中接受度较低。

第三十个问题“如果你是融资人，你会选择的融资方式有(可多选)”，选项中包括“(1)银行融资”“(2)小额借贷融资”“(3)互联网金融”。这个问题的数据出现了令人深思的现象：受访者大多数都对三个选项进行了勾选，但一部分受访者却没有勾选(1)。出现这样的现象大抵是因为长期以来，我国正式金融体制融资程序复杂、门槛高所致，银行融资渠道逐渐被非正式金融渠道填充，在这一大环境下，非正式金融、草根金融将具备蓬勃发展的历史需求，股权众筹也不例外。

第三十一个问题“假设一家公司发起人A持有股份20%，公司总资本为100万元，在引入基金股东B第一融资900万元后，A将自己的股票设定为超级股，一股20票，问：A对公司是否还有控制权”，选项中有“(1)没有”“(2)有”“(3)不知道”。该问题的独特设计在于验证受访者是否具备专业股权知识及相当的投资计算能力，涉及“一股多权”“公司控制”“融资稀释股份”等专业问题。国外发达国家的成熟投资人制度，考量投资人具备一定专业技能，笔者庆幸地看到正确回答的受访者比例占到31%，即便是排除概率性猜对，也具有相当意义的成熟程度。

8.2.6 验证假设的过程

我们将根据上述关联信息及搜集到的数据来对受访者进行刻画，从而对市场环境、公众需求等诸多要素进行分析，以期对前文假设进行验证。

①中国公众对股权众筹已经十分熟悉了吗

待验证的第一步假设为：中国公众对股权众筹已经十分熟悉。

如果结论成立，中国公众应当对互联网融资活动的参与度比较高；对股权众筹之概念、流程、优劣、特性等方面都有全面掌握。然而，我们在上述问卷调查中获取的数据信息表明，互联网投资活动在我国公众投资人群体中的普及程度还处于起步阶段。对受访者的刻画表明：受访者通过网络投资成为某公司股东的意愿偏弱；受访者作为投资人，换位处于融资人角度去思考融资风险的积极性非常弱；受访者介入项目直接运作的积极性偏弱；更多的受访者倾向于及时获利，而对于长期的股权分红期待性偏弱；从后面更为直接的问题上来看，受访者对“股权众筹”的了解程度一般；互联网金融投资，明显在受访者心中接受度较低。

至少在受访者群体的数据显示出：中国公众投资人对股权众筹并不十分熟悉。

②中国公众投资人足够成熟可以驾驭股权众筹等互联网金融吗

待验证的第二步假设为：中国公众投资人足够成熟可以驾驭股权众筹等互联网金融。

如果结论成立，我们应当可以预见到中国公众投资人是这样一个群体：拥有优越的投资经验、专业技能、理性分析能力、获利及风险管理能力、比较高的教育程度等。可是，从上一个假设的证成被推翻过程可以发现，受访者如果对股权众筹的熟悉程度都比较薄弱的话，那么要获取支撑本假设的验证就将更为吃力。但事实是否就一定如此？

在世界各国的金融体例之下，并不排除某个群体并不对某一个专业经济或法律词汇有深入了解，但由于该群体具备某种优良素质及市场环境、法律建构等条件，从而使该群体并不必须对某一专业词汇的“名称”有所了解，而可以直接天然地融入市场活动中。

我们先通过上述数据对受访者进行刻画：受访者并不具备太多经商经验；中国公众投资人并没有对预期股权的投资具有很充足的经验认识，造成这一现象的原因比较多样；公众投资人在投资领域具备的专业知识偏弱。受访者并没有处于盲目自信的经验认知中，但对过去自身经验的依赖仍然占有较大比例而不可忽视；受访者中很大一部分是没有考虑投资比例问题的；受访者对项目的考察力度明显偏弱；受访者对项目监督的积极性，已经具备一定水平；受访者参与公司决策的积极性偏弱；受访者没有集中在最富有冒险精神的第一级别或最为保守的第五级别，但集中度最高的第二级却明显表现出中国投资人对投资活动仍然富有进取思想,在平均数(第三级)之上;受访者尚没有处于对轻信的地步,集中度最高的第四级别、第三级别反映出受访者对他人信息的信赖仍然保有谨慎态度。国外发达国家的成熟投资人制度,须考量投资人具备一定专业技能,而在上述问卷中,受访者具有一定的专业股权计算能力。

从上述数据来看,中国公众投资人似乎并没有对股权众筹等互联网金融具备相当程度的成熟认知,并不能熟练驾驭这类金融工具。投资人的这一状态是每个市场发展的必经流程,从不成熟驾驭走向成熟驾驭,是一个市场环境、法律建构相互反馈、相互融合的过程,具备阶段性。如果说中国投资人目前还处于不十分成熟的阶段,那么明显上述假设不能证成,随之而来的问题在于,我们需要什么样的法律调适来保证这一初级阶段的过渡?

③中国投资市场的秩序法足够健全对股权众筹作出适当治理

待验证的第三步假设为:中国投资市场的秩序法足够健全对股权众筹作出适当治理。

健全的秩序法应当是满足当前投资市场环境所需要的所有法律调适需求。要对上述假设进行验证,我们必须先从数据中获取受访者到底具备些什么样的需求。该需求立足于上述两个假设被推翻,就更显得具有独立性和参考意义。

在上述问卷调查获取的数据信息中,我们可以看到:公众投资人对项目的初创性的看重程度超出其他选项很多,这也符合众筹、包括股权众筹的初创属性;受访者更集中的信赖网络平台对项目的介绍,即公开信息的获取;对于联系发起人不是每一位受访者都能做到,它比背景调查更为集中,说明受访者对通过某种途径联系到发起人，去获取最直接的一手信息还是具备积极性，但这种积极性比前一种方式弱；背景调查之所以成为最不受青睐的选择，在于它的成本远比前两种高；受访者并没有出现太过冒进的投资方向，即便该问题不能完全证明投资人成熟度，但却能表明受访者的时间情商；在对待项目的投资阶段时，投资人选择趋于成熟稳定；受中国传统文化及传统思维方式影响，受访者普遍独自判断的模式比所谓"集思广益"后进行判断的模式概率要小，这反映出在股权众筹中可能劝募信息的影响将起到很大作用；对项目运作过程的信息比项目结果信息更为看重，这表明受访者对项目运作的公开透明更为期待；选择依赖平台信息的受访者仍然领先，平台信息是领先发起人自身宣传的信息方式；受访者对中国经济整体上是看好，但却依然保持了谨慎态度；我国在当前环境下，非正式金融、草根金融将具备蓬勃发展的历史需求，股权众筹也不例外。

从上述数据刻画来看，当前市场投资环境比较看好，而受访者对法律调适的需求可以明确归结为一点：解决信息不对称问题。他人信息（包含社会影响）及平台信息对受访者影响颇深，如何治理信息不对称，成为影响受访者之市场融入度的关键问题。而截至笔者行文之时，我国尚没有出台对股权众筹中信息不对称问题的治理之法律细则，甚至现行《证券法》的某些规定还出现与股权众筹基本要义不适应之情况，故上述之假设并不能有效证成。

8.2.7　结论

上述三个假设不能证成，是否就意味着总的调查目的——

“中国投资环境中是否存在股权众筹得以发展的市场”也无法实现呢？答案却是否定的。

上述三个假设被推翻，我们可以得出这样相反的结论：中国投资人对股权众筹认识程度不高、中国投资人目前尚不成熟到足以熟练驾驭股权众筹等互联网金融、中国目前没有足够健全的秩序法去治理股权众筹。然而，假设本身与调查过程，都仅仅是在验证受访者中诸多关联要素与股权众筹市场的影响情况，恰恰是上述三个相反的结论，反映出目前中国股权众筹的发展仍然处在初级阶段。比如，在调查数据中展示出的投资人阶段性不成熟但对市场保持乐观、有一定冒险精神但对风险控制比例失当、投资人较为保守的接受股权众筹、过于依赖社会信息等答案，都标志着这是一个初级阶段的市场。

而在股权众筹发展的初级阶段，从上述被推翻的三个假设以及三个相反的结论出发，非但不会打击到股权众筹发展的信心与热情，反而展示出股权众筹在中国生根发芽的萌动阶段。从“问卷调查”到“验证假设”并不是研究路径的终结，真正意义上的实证调查是在“验证假设”，特别是“假设”被推翻或被证成后找到问题的所在。

从整个验证与演绎的过程可以看出，股权众筹当前在中国是具备一定可接受基础的，但这仅仅是一个发展初级阶段，调适这一市场环境的法律建构仍然应当被积极探讨。将实证调查中反映出的问题和前文零散所见之国外经验结合起来，可以找到完善股权众筹治理法律建构的目标及启示。

参 考 文 献

[1] Massolutin Inc. ,“The Crowdfunding Industy Report”, http://reserch. crowdsourcing. org/2013cf - crowdfounding - industy - report Auy, 1, 2014.

[2]孙永祥、何梦薇、孔子君、徐廷玮:《我国股权众筹发展的思考与建议》,载《浙江社会科学》2014 年第 8 期。

[3]邓晨菲:《众筹网站:一种新型营销模式》,载《新闻世界》2014 年第 11 期。

[4]黄健青、辛乔利:《“众筹”——新型网络融资模式的概念、特点及启示》,载《国际金融》2013 年第 9 期。

[5]邓晨菲:《众筹网站:一种新型营销模式》,载《新闻世界》2014 年第 11 期。

[6]邓晨菲:《众筹网站:一种新型营销模式》,载《新闻世界》2014 年第 11 期。

[7]黄健青、辛乔利:《“众筹”——新型网络融资模式的概念、特点及启示》,载《国际金融》2013 年第 9 期。

[8]乔慧娟、刘丽娜:《论众筹在我国发展的法律风险及其防范问题》,载《特区经济》2015 年第 3 期。

[9]Hemer, J. A. ,“Snapshot on Crowdfunding”, *Working Papers Firms and Regiongs*, No. R2, 2011.

[10] Kleemann, F, vob, G. G. , & Rieder, K. "Un (der) paid Innovators: The Commercial Utilizationg of Consumer Work through Crowdsourcing", *Science, Technology & Innovationg Studies*, 2008.

[11] Ajay Agrawal, Christian Catalini, Avi Goldfarb, "The Simple Economics of Crowdfunding", *Policy and Economy*, 2013.

[12] Crowdfunding Industry Report. (2014). 2013CF: The Crowdfunding Industry Report: Market Trends Composition and Crowdfunding Platforms: Massolution&Crowdsourcing, LLC, http://www. crowdsourcing. org/research.

[13] 邓晨菲:《众筹网站:一种新型营销模式》,载《新闻世界》2014 年第 11 期。

[14] 邱勋、陈月波:《股权众筹:融资模式、价值与风险监管》,载《新金融》2014 年第 9 期。

[15] Coveney, P. & Moore, K. *Business Angels: Securing Start Up Finance*, West Sussex: Johnwiley & sons Ltd. , 1998.

[16] Mnsson, N. , & Landstrm, H, "Business Angels in a Changing Economy: The Case of Sweden", *Venture Capital: An International Journal of Entrepreneurial Finance*, 2006.

[17] Mason, C. M. , & Harrison, R. T. "Measuring business angel investment activity in the United Kingdom: a review of potential data sources", *Venture Capital*, 2008.

[18] Wetzel, W. E. "Angels and informal risk capital", *Sloan Management Review*, 1983.

[19]《英国众筹平台 Crowdcube 上 400 个众筹项目融资成功》,载搜狐财经:http://mt. sohu. com/20160524/n451050658. shtml,最后访问日期:2016 年 5 月 24 日。

[20] Samantha Hurst, "Crowdcube Milestone: 400 Companies Have Been

Funded",*Crowdfund Insider.*

[21]马海敏:《股权众筹走向阳光化》,载《改革与开放》2015 年第 7 期。

[22]张明楷:《刑法学》,法律出版社 2011 年版。

[23]陈健:《股权众筹:制度构建与疑义相析——评私募股权众筹融资管理办法(试行)(征求意见稿)》,载《福建金融管理干部学院学报》2014 年第 4 期。

[24]李俊慧:《股权众筹迎来监管风暴》,载《中华工商时报》2015 年 8 月 12 日,第 5 版。

[25] Surowiecki, J,"The Wisdom of Crowds",*Anchor Books: New York*, 2004.

[26]Ogden, J. P. & O'Conner, P. F. *Advanced Corpoprate Finance, Policies and Strategics*,New Jersey: Prentice Hall, 2003.

[27]Kittur, A. , Pendleton Bongwon Suh, E. C. B. & Mytkowicz T. . Power of the Few vs. Wisdom of the Crowd: Wikipedia and the Rise of the Bourgeoisie. www. chi2013. acm. org, 2007.

[28]Lorenz, J. , Rauhut, H. , Schweitzer, F. & Helbing, D. . How social influence can undermine the wisdom of the crowd effect.

[29]Salganik, M. J. & Watts, D. J. "Leading the Herd Astray: An Experimental Study of Self - fulfillingProphecies in an Artificial Cultural Market", *Social Psychology Quarterly*,71: 338.

[30] Lionel Robbins,"Interpersonal Comparisons of Utility: A Comment",*Economic Journal*,1938.

[31]Kenneth J. Arrow,*Social Choice and Individual Values*,New York: Wiley,1951;2nd edn,1963.

[32]赖继、师索:《网络反腐中的侵权行为及其规制— 社会契约论替代路径下的中立审视》,载《西南民族大学学报》(人文社科版)2015 年第 7 期。

[33]Rawls, Political Liberalism,1993:110.

[34]Rawls,*A Theory of Justice*,Oxford: Clarendon press 1971:17.

[35]The Theory of Moral Sentiments(1770,1790),in the 1976 edition,Clarendon Press,Oxford,p. 191.

[36]刘明:《美国〈众筹法案〉中集资门户法律制度的构建及其启示》,载《现代法学》2015 年第 1 期。

[37]Akerlof, G. A.,"The Market for Lemmons: Quality Uncertainty and the Market Mechanism",*The Quarterly Journal of Economics Vol.* 84, No. 3. Oxford University Press, 1970:488-500.

[38]Schwienbacher, A. & Larralde, B. "Crowdfunding of Small Entrepreneurial Ventures".

[39]Krugman, P.. *The Return of Depression Economics and the Crisis of* 2008. New York City: W. W Norton & Company, 2009: 63.

[40]Olson M.. *The Logic of Collective Action Public Goods and The Theory of Groups*. Harvard University Press: United States, 1971 [1965]: 9-16.

[41]Akerlof, G. A.,The Market for Lemmons: Quality Uncertainty and the Market Mechanism.

[42]Eisenhardt, K. M.,"Agency Theory: An Assessment and a Review".

[43]Ogden, J. P. & O'Conner, *P. F. Advanced Corpoprate Finance*,*Policies and Strategies*. New Jersey:Prentice Hall, 2003:365.

[44]Klonowski, D.. *The Venture Capital Investment Process*. New York City: Palgrave Macmillan,2010: 25-41.

[45]崔吕萍:《股权众筹步入快速发展元年:投资者保护应该跟上》,载《人民政协报》2015 年 9 月 8 日,第 7 版。

[46]樊云慧:《股权众筹平台监管的国际比较》,载《法学》2015 年第 4 期。

[47]新浪财经:《10 月份众筹行业月报出炉》载 http://finance. sina. com. cn/money/lczx/2016-11-14/details-ifxxsmic6238195. shtml,最后访问

日期:2016 年 11 月 14 日。

[48]樊云慧:《股权众筹平台监管的国际比较》,载《法学》2015 年第 4 期。

[49]樊云慧:《股权众筹平台监管的国际比较》,载《法学》2015 年第 4 期。

[50]樊云慧:《股权众筹平台监管的国际比较》,载《法学》2015 年第 4 期。

[51] Calabresi, G. , "Some Thoughts on Risk Distribution and the Law of Torts", Yale Law Journal. 70:499 – 553.

[52]Honore, A. M. *Ownership*, Oxford Essays in Jurisprudence, Oxford: Oxford University Press, 1961:91.

[53]Nozick, R. Anarchy, *State and Utopia*, Oxford: Basil Blackwell, 1974:160.

[54]沈宗灵:《对霍菲尔德法律概念学说的比较研究》,载《中国社会科学》1990 年第 1 期。

[55]韩光明:《论民事法律关系的内容构建:一个基本概念的范式分析》,载《比较法研究》2009 年第 5 期。

[56] Locke, J. *Two Treatises of Goverment*, *ed. P. Laslerr*, Cambridge: Cambridge University Press, 1988:291.

[57]Hegel, G. W. F. "Elements of the Philosophy of Right", ed. A. W. *Wood*, Cambridge University Press, 1991:73.

[58]明文、赵海燕、杨力:《当金融创新遇上法律规制》,载《法庭内外》2015 年第 9 期。

[59]乔志东:《股权众筹平台专项检查并非"一炮轰死"》,载《证券日报》2015 年 8 月 10 日,第 1 版。

[60]金晶:《电影众筹:游戏 投资 文艺梦》,载《经济日报》2015 年 8 月 28 日,第 3 版。

[61]鲁公路、李丰也、邱薇:《美国 JOBS 法案、资本市场变革与小企业成长》,载《证券市场导报》2012 年第 8 期。

[62]李俊慧:《股权众筹迎来监管风暴》,载《中华工商时报》2015 年 8 月 12 日,第 5 版。

[63]杨东、苏噶伦:《股权众筹平台的运营模式及风险防范》,载《国家检察官学院学报》2014 年第 4 期。
[64]樊云慧:《股权众筹平台监管的国际比较》,载《法学》2015 年第 4 期。
[65]樊云慧:《股权众筹平台监管的国际比较》,载《法学》2015 年第 4 期。
[66]雷华顺:《众筹融资信息披露问题探析》,载《开放导报》2015 年第 2 期。
[67]张书清:《民间借贷的制度性压制及其解决途径》,载《法学》2008 年第 9 期。